Lampenfieber und Prüfungsangst besiegen

Jörg Abromeit

HAUFE.

Inhalt

Vorwort

Sie halten eine Rede vor Ihren Kollegen oder präsentieren Ihre Arbeit auf einem Kongress? Sie stehen vor einer wichtigen Prüfung oder haben eine Einladung zum Bewerberinterview bekommen? Bereits der Gedanke an den bevorstehenden Auftritt löst bei Ihnen Magenschmerzen und Schweißausbrüche aus? Es ist Lampenfieber, das Ihnen zu schaffen macht. Experten sprechen auch von Bewertungs- und Leistungsstress, der bei den meisten von uns dann entsteht, wenn wir in den Mittelpunkt des Geschehens treten und uns damit vor anderen Menschen exponieren.

Da Lampenfieber so alt ist wie die Menschheit, ranken sich viele Mythen um dieses Phänomen. Dieser TaschenGuide gibt Ihnen effektive, wissenschaftlich fundierte Selbsthilfetechniken und bewährte Strategien an die Hand, die Ihnen dabei helfen, Lampenfieber, Prüfungs- und andere Bewertungsängste in den Griff zu bekommen und eventuell sogar ganz zu besiegen.

Viel Erfolg dabei wünscht Ihnen

Jörg Abromeit

Vorurteile und Fakten

Wohl jeder hatte in seinem Leben schon einmal mit Lampenfieber zu tun. Die meisten sprechen jedoch nicht gerne darüber. Die wenigsten wissen, wie sie es sich beim nächsten Auftritt leichter machen könnten.

In diesem Kapitel erfahren Sie,

- welche Gerüchte über Lampenfieber einen entspannten Umgang mit diesem Thema erschweren,
- warum der Leistungsstress nicht so negativ ist wie sein Ruf,
- was in unserem Kopf und unserem Körper passiert, wenn wir im Rampenlicht stehen,
- welche Faktoren es sind, die Lampenfieber und Prüfungsangst verstärken können.

Lampenfieber-Mythen

Obwohl Lampenfieber und andere Formen der Auftrittsangst weit verbreitet sind, sprechen die Betroffenen selten darüber. Gerade Leistungsträger in Unternehmen sind häufig darauf bedacht, nach außen ein möglichst makelloses Bild von sich zu vermitteln. Kein Wunder, dass sich in der Öffentlichkeit eine seltsame Mischung aus wenig hilfreichen Glaubenssätzen und noch weniger hilfreichen Tipps zum Thema etabliert hat.

Echte Profis haben kein Lampenfieber

Vor allem weil Profis so ungern über das Thema reden, denken Normalsterbliche in der Regel, dass Menschen in den Medien und auf den Bühnen der Welt kaum Lampenfieber haben. Es herrscht ein Ideal der Selbstoptimierung vor, das uns eingibt, wir müssten uns nur weit genug entwickelt haben, Profi genug sein, dann hätten wir kein Lampenfieber mehr. Wie also ist es wirklich? Wer ein wenig forscht, stößt schnell auf Prominente, die arg von Lampenfieber geplagt waren. Hier eine kleine Auswahl.

- Der Pianist Frédéric Chopin hat in seinem ganzen Leben nur 30 Auftritte absolviert. Der Grund: starkes Lampenfieber.
- Der Startenor Enrico Caruso (1873–1921) rauchte vor seinen Auftritten regelmäßig Kette und musste sich oft vorher übergeben. Nicht überliefert ist, ob Ersteres der Grund für Letzteres war. Zeitlebens soll sich der Sänger nach dem

Moment gesehnt haben, an dem er nicht mehr auf die Bühne musste.

- Auch die amerikanische Sängerin Barbra Streisand fühlt sich auf der Bühne nicht wohl. Deshalb war sie über Jahrzehnte gar nicht live zu sehen.

Zu den Schauspielern, die unter starkem Lampenfieber leiden oder litten, gehören auch Johnny Depp, Hugh Grant und Sir Alec Guinness.

Menschen, die häufig auftreten müssen, haben oft irgendwann gelernt, mit dem Lampenfieber umzugehen. Im Lauf ihrer Karriere integrieren die Betroffenen das Lampenfieber soweit, dass es die Leistung nicht mehr negativ beeinflusst. Sie lernen, die positiven Effekte der Auftrittsangst zu nutzen. Mancher Profi braucht dann irgendwann sogar den Adrenalinkick eines gelungenen Auftritts.

> Profis haben natürlich auch Lampenfieber. Sie brauchen es wie jeder andere Mensch, um regelmäßig gute oder sehr gute Leistungen bringen zu können.

Dagegen kann man nichts machen

Menschen, die noch nie mit modernen Coaching-Methoden in Kontakt gekommen sind, denken häufig, sie seien ihren Gefühlen hilflos ausgeliefert. Nach dieser Sichtweise sind unangenehme Gefühle etwas, was einem Betroffenen zustößt. Man selbst kann kaum etwas tun, um sich davon zu lösen. Psychologen beschreiben dieses Phänomen mit den Begriffen „Selbstwirksamkeit" oder „Selbstwirksamkeitserwartung".

Die Methoden in diesem Buch helfen nachweislich auch bei starkem Lampenfieber und haben den schönen Nebeneffekt, dass sie ganz nebenbei auch noch die Selbstwirksamkeit steigern. Wenn Sie ihre positive Wirkung gespürt haben, wissen Sie, dass Sie Ihren inneren Werkzeugkasten um ein wichtiges Element ergänzt haben, auf das Sie später immer zurückgreifen können. Paradoxerweise ist das Mittel selbst dann häufig nicht mehr nötig.

„Ich habe es schon lange, daher wird es auch sehr lange dauern, bis es weg ist"

Dieser typische Glaubenssatz mag bei verschiedenen Verhaltensweisen, die Menschen sich angewöhnt haben, gelten, bei Leistungsblockaden nicht. Meistens kommt es darauf an, was hinter dem Lampenfieber steckt: Wenn es sich um ein belastendes Erlebnis im Zusammenhang mit Auftritten aus der eigenen Biografie handelt, reicht oft eine Coaching-Sitzung aus, um den Stress schnell zu minimieren und auf ein normales Maß zurückzuführen. Tatsächlich meint der Betroffene häufig: „Wahrscheinlich geht es nie weg, und warum soll ich mir dann die Mühe machen, es zu versuchen?" Machen Sie sich keinen zusätzlichen Druck: Vielleicht dauert es länger, vielleicht gelingt es aber bereits innerhalb weniger Stunden.

Man muss sich nur einreden, man sei ruhig und entspannt

Hierbei handelt es sich um eine missverstandene Form der Selbstsuggestion, wie sie z.B. im Autogenen Training eine

Rolle spielt. Was eingebettet in ein durchdachtes Selbsthypnose-Programm durchaus Sinn macht, funktioniert nicht, wenn Sie schon außer sich vor Panik und hyperventilierend vor Publikum stehen und sich erst dann ein paar beruhigende Sätze vorsprechen. Das Problem daran ist: Sie versuchen einen körperlichen Alarmmechanismus mit einem geistigen Mantra („Ich bin ruhig. Ich bin ganz ruhig und entspannt.") zu unterdrücken, an das weder Ihr bewusster Verstand noch Ihr Unterbewusstsein glauben können, denn Ihr Puls, Ihr Verdauungstrakt und Ihre Schweißdrüsen sagen soeben etwas ganz anderes. Warum sollte Ihr Körper Ihnen nun folgen? Weil er doof ist?

Ein Glas Alkohol vorher hilft

Diese Altherren-Lösung lässt sich auf vielen Veranstaltungen beobachten. Leider bleibt es sehr oft eben nicht bei dem einen Glas. Das Ergebnis erfüllt manchmal die schlimmsten Katastrophenphantasien, die Menschen mit Leistungsstress hegen. Ist der Durst doch einmal größer als die Tagesform, kann das Ergebnis länger in den Gehirnen Ihres Publikums verweilen als Sie erhoffen. Abgesehen von der akuten Gefahr einer Überdosierung – sollte Ihnen der Auftritt unter Alkohol gelingen, so haben Sie etwas wenig Hilfreiches dazu gelernt: Wenn es darauf ankommt, benötigen Sie eine Krücke. Anders bekommen Sie es nicht hin. Nicht nur, dass das wenig förderlich für das eigene Selbstbewusstsein ist. Es handelt sich um eine Bewältigungsstrategie, die zunächst positiv belegt ist, vermutlich nun häufiger bemüht wird, und irgendwann unangenehm enden kann. Gleiches gilt auch für andere Drogen und für Medikamente, wenn Sie sich diese nur für Ihren Auftritt oder Ihre Prüfung verschreiben lassen. Viele Medikamente muss man mehrere Tage einnehmen, bis sich die Wirkung einstellt und kalkuliert werden kann, wie Sie darauf reagieren.

Lampenfieber ist Bewertungsstress

Im Mittelpunkt der Aufmerksamkeit zu stehen, fällt vielen nicht leicht. Wenn dann noch dazukommt, dass wir im Fokus der anderen eine Leistung erbringen müssen, ist es mit der Seelenruhe der meisten endgültig vorbei. Unsere innere Betriebstemperatur steigt, der Körper reagiert mit Anspannung, wir sind zunächst hochkonzentriert und wundern uns möglicherweise über eine Reihe ungewohnter Gefühle und Verhaltensweisen, die plötzlich von uns Besitz ergreifen: Etwa 80 % aller Erwachsenen reagieren mit Nervosität und Angst, wenn sie sich sozial exponieren müssen. Kurz vor den Prüfungen befragt, geben 40 % aller Studierenden an, unter erheblichem Stress bis hin zur Angst zu leiden. Woran liegt das?

Warum wir das Scheitern fürchten

In der Psychologie gibt es mehrere Theorien zu den Grundbedürfnissen des Menschen. Ein neues und grundlegendes Konzept auf neuropsychologischer Basis stammt von dem Psychotherapieforscher Klaus Grawe. Grawe nimmt vier menschliche Grundbedürfnisse an: nach Bindung, nach Orientierung und Kontrolle, nach Selbstwerterhöhung und Selbstwertschutz, nach Lustgewinn und Unlustvermeidung. Menschen suchen also die Nähe und Unterstützung anderer Menschen. Wir möchten ein Gefühl von Kontrolle über unser Leben und unsere Umwelt haben, wir vermeiden für gewöhnlich Dinge oder Situationen, die uns Unlust bescheren und brauchen die Akzeptanz und Anerkennung anderer Menschen, um uns selber wertvoll fühlen zu können. Dabei sind diese Bedürfnisse unterschiedlich stark ausgeprägt. Sehen wir die Chance, unsere Bedürfnisse und Ziele zu befriedigen, reagieren wir zunächst mit einer stärkeren Aktivierung und Anstrengung. Befürchten wir, mit unseren Bedürfnissen zu scheitern, reagieren wir mit Angst und anderen unangenehmen Gefühlen.

Alle Situationen, in denen wir uns vor anderen exponieren, beinhalten sowohl die Möglichkeit, diese Grundbedürfnisse zu erfüllen als auch die Gefahr des Scheiterns: Nie können wir Situationen, an denen andere Menschen beteiligt sind, vollständig kontrollieren. Eine gelungene Prüfung, ein guter Vortrag können unser Selbstwertgefühl zumindest kurzzeitig erhöhen. Eine misslungene Prüfung, durch die ein berufliches Ziel in weite Ferne gerückt ist, wird uns nicht nur Unlustgefühle bescheren, sondern sicher auch unser Kontrollbedürfnis und unseren Wunsch nach Selbstwerterhöhung verletzen.

> Allen diesen Situationen ist gemein, dass wir für andere sichtbar werden und diese uns oder unsere Leistung in irgendeiner Form bewerten.

Es handelt sich bei diesen Situationen nicht nur um Reden, Präsentationen und Vorträge vor einer Gruppe. Gleiches gilt für Prüfungen und Bewerbungssituationen, für Bühnenauftritte von Künstlern und für Gespräche in kleinerem und größerem Rahmen, sobald uns die Meinung der anderen wichtig ist.

Lampenfieber in Maßen ist gut

Bleibt das Lampenfieber in einem erträglichen Rahmen, steigert der Stress die kognitive Leistungsfähigkeit. Dieser Zusammenhang ist schon seit Beginn des 20. Jahrhunderts bekannt unter dem Namen Yerkes-Dodson-Gesetz.

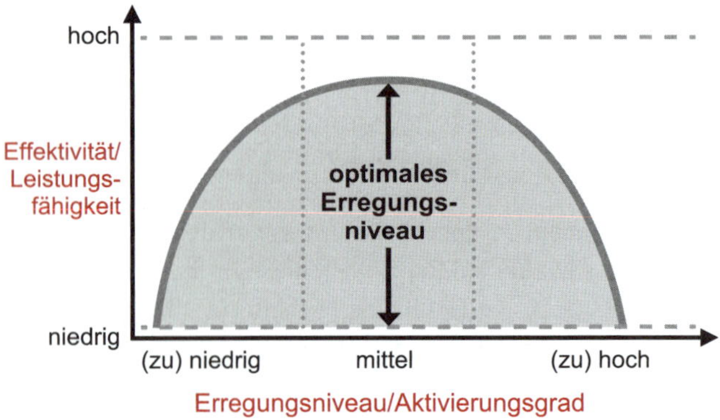

Stress steigert die Leistungsfähigkeit

Das Yerkes-Dodson-Gesetz besagt, dass Menschen ein bestimmtes Anspannungsniveau benötigen, um optimale geistige und körperliche Leistungen bringen zu können. Dabei handelt es sich um die allgemeine Aktivierung des Zentralen Nervensystems mit Auswirkungen auf den gesamten Organismus. Der Grad dieser Aktivierung bestimmt darüber, wie aufmerksam, wach und leistungsfähig ein Mensch ist. Im Schlaf ist das Anspannungsniveau normalerweise sehr niedrig, bei Ärger, Angst und sexueller Erregung sehr hoch. In einem mittleren Bereich der Aktivierung sind wir in der Lage, Informationen optimal zu verarbeiten. Erst wenn die Anspannung ein mittleres Niveau überschreitet, sinkt die Leistungsfähigkeit ab: Gedankenblockaden, Angst und Gefühle der Überforderung drohen.

Die Anspannung selbst ist emotional neutral. Sobald aber der Erregungsgrad ein mittleres Niveau übersteigt, reagieren Menschen tendenziell ängstlicher.

Gefühle, die durch die innere Bewertung der Situation oder eigener Körpersensationen entstehen, steigern das Anspannungsniveau: ein Teufelskreis droht.

Beispiel

Untersuchungen an Orchestermusikern haben ergeben, dass sowohl ängstliche als auch nichtängstliche Musiker kurz vor einem öffentlichen Auftritt ein gleich starkes Aktivierungsniveau aufwiesen. Die ängstliche Gruppe wertete die damit einhergehenden Symptome aber eher als bedrohlich und als Zeichen für die eigene Angst als die andere Gruppe.

Ist Lampenfieber Angst?

Im Zusammenhang mit Lampenfieber ist oft von Angst die Rede. „Auftrittsangst" und „Redeangst" werden häufig synonym benutzt, um unangenehme Gefühle im Zusammenhang mit sozial exponierten Situationen zu beschreiben. Mediziner und Therapeuten unterscheiden häufig „normales" Lampenfieber von echten Auftrittsängsten, die eine Form der sozialen Phobie darstellen sollen. Denen, die häufiger unter starkem Lampenfieber leiden, tut man jedoch keinen Gefallen, indem man sie pathologisiert. Angst spielt zwar meistens die Hauptrolle im Angesicht eines Publikums, doch selbst bei „Prüfungsangst" finden sich bei den Betroffenen auch andere Gefühle: in allen Bewährungs- und Leistungssituationen sind das häufig Gefühle von Scham und Hilflosigkeit oder sogar Ohnmacht. Schamgefühle stehen für die Sorge, vor der Gruppe nicht bestehen zu können, vielleicht sogar von ihr ausgestoßen zu werden. In früheren Zeiten war das existenziell bedrohlich und deutet noch heute auf unser Bedürfnis hin, uns an andere Menschen zu binden.

Gefühle von Hilflosigkeit oder Ohnmacht entstehen dann, wenn wir nicht sicher sind, ob unsere Strategien geeignet für den Umgang mit der vorliegenden Situation sind.

Auch wenn Angst oft die vorherrschende Emotion ist: darunter liegen fast immer noch andere Gefühle, die mit ihr zusammen auftreten. Besser ist es deshalb, von Leistungs- oder Bewertungsstress zu sprechen.

Wie der Stress entsteht

Leistungs- und Bewertungsstress ist immer das Resultat komplexer Vorgänge, die auf mehreren Wegen zustande kommen:

Die kognitive oder psychologische Seite

Wir überprüfen jede Leistungssituation, mit der wir konfrontiert werden, darauf, ob sie für unser Wohlergehen positiv oder negativ zu werten ist. Dafür ist es zunächst wichtig, die Chancen und Gefahren der Situation selbst zu erkennen. Anschließend bewerten wir unsere Chancen, die geforderte Leistung erfolgreich zu erbringen.

Schritt 1: Beurteilung der Situation

In einem ersten Schritt nehmen wir eine grobe Einschätzung der Situation vor: Wir versuchen einen Abgleich zwischen unseren Grundbedürfnissen und Zielen und vermischen das mit Erfahrungen, die wir in ähnlichen Situationen bereits gemacht haben. Kennen wir solche Situationen überhaupt? Was können wir erwarten? Ist die Situation, die Prüfung, der Auftritt wichtig für uns? Werden unsere Grundbedürfnisse erfüllt? Bringt uns das unseren Zielen näher?

Beispiel

Wenn Sie eine Einladung bekommen, vor 500 Bankern einen Vortrag zu halten, kann das für Sie irrelevant sein, weil Sie beruflich mit Bankern sonst nichts zu tun haben und Sie ein solcher Vortrag kein Stück weiterbringen würde. Ein solcher Vortrag kann aber auch eine große Chance sein, wenn Sie selber Banker sind und Sie der Auftritt auf einen Schlag bekannt macht, oder Banken zu Ihrer wichtigsten Kundengruppe gehören. Aber was, wenn Sie vor so vielen Menschen „versagen"? Im Publikum wird auch ein Teil Ihrer eigenen Führungsmannschaft sitzen. Eingeladen sind auch zwei Koryphäen, die sich in Ihrem Thema sicherlich besser auskennen als Sie. Kein Wunder, als Professoren haben diese Leute auch viel mehr Zeit, sich damit zu befassen. Vielleicht erinnern Sie sich in diesem Moment auch an den einen oder anderen Vortrag, den Sie in der Vergangenheit gehalten haben. Die letzte Präsentation vor der Geschäftsführung ist ganz schön in die Hose gegangen ...

Schritt 2: Beurteilung der eigenen Möglichkeiten

In einem zweiten Schritt gleichen wir die Situation ab mit unseren Ressourcen: Haben wir Erfahrung darin, vor Publikum zu reden? Kennen wir uns mit der Zielgruppe aus? Wissen wir, wie man eine Präsentation aufbaut? Wenn wir schon einmal vor 100 oder 200 Menschen gesprochen haben, ist die entstehende Angst, wenn damals alles gut gegangen ist, vermutlich geringer, als wenn wir das noch nie getan haben.

Wir überprüfen innerlich, ob wir anhand unserer Fähigkeiten und unseres Wissens, eventuell auch mit externer Hilfe die Sache zu einem guten Ende bringen können. Natürlich bleibt es nicht bei diesem einen Abgleich, sondern wir nehmen immer wieder neue Bewertungen vor: Müssen wir die Situation vielleicht doch anders einschätzen? Ist die Vortragsvorbereitung in den verbliebenen zwei Tagen noch zu schaffen? Wenn Sie ähnliche Erfahrungen schon gemacht haben, kennen Sie vielleicht den inneren Zustand zwischen Hoffen und Bangen, zwischen euphorischer Vorfreude und der Sorge, dass vielleicht doch etwas schief gehen könnte.

Die biologische Sicht

Unser Gehirn prüft blitzschnell auch unabhängig von unserer Ratio einkommende Informationen auf ihren Bedrohungsgehalt. Wir reagieren auf viele Dinge unmittelbar körperlich, ohne dass uns klar wird, warum. Das hat zum Teil mit Vorerfahrungen aus unserer eigenen Biografie zu tun. Teilweise wird aber auch ein uraltes Programm in uns aktiviert, das unserer Ratio gar nicht zugänglich ist.

Beispiel

Vor mehr als 100 Menschen zu sprechen, stellt für die meisten Redner eine große Herausforderung dar. Auch für unsere Vor-Vorfahren war es meistens keine besonders gute Nachricht, wenn sie aus ihrer Höhle tappten und sich plötzlich 100 fremden Augenpaaren gegenüber sahen.

Die neurobiologische Entstehung der Angst

Nachdem unsere Sinnesorgane eine potenzielle Gefahr wahrgenommen haben, landet der Reiz zur emotionalen Überprüfung zunächst in einem Teil des limbischen Systems, dem sog. Thalamus. Das limbische System ist der zweitälteste Teil unseres Gehirns und dient der emotionalen Bewertung und Verarbeitung von Reizen.

Der kurze Alarmweg über die Amygdala

Der Thalamus ist eine Art Verteilerstelle im Hirn. Hier entsteht ein erstes undeutliches „Bild" der Situation, das einerseits auf kurzem Weg an die Amygdala, und andererseits auf einem etwas längeren Weg an den Cortex, den rationalen Teil des Gehirns, weitergereicht wird. Die Amygdala überprüft die rudimentär vorliegenden Informationen blitzschnell auf eventuelles Bedrohungspotenzial und alarmiert bei Bedarf in Sekundenbruchteilen den Körper, der sofort reagieren kann, wenn sich z.B. ein gefährliches Insekt im Anflug befindet. Wir reagieren automatisch und versuchen das Tier zu verscheuchen, ohne dass wir zunächst über Anflugwinkel, Geschwindigkeit und die Frage, ob es sich hier möglicherweise um eine bedrohte Tierart handelt, nachdenken.

Der längere Weg über den Cortex

Auf dem längeren Weg über den Cortex nimmt das Gehirn eine genauere Einschätzung der Situation vor: Handelt es sich bei dem Insekt tatsächlich um eine gefährliche Art oder doch eher um eine harmlose Fliege? Ist der ältere Herr da vor uns, der sich als unser Prüfer vorgestellt hat, tatsächlich so bedrohlich wie unser ehemaliger Englischlehrer, nur weil er ihm ähnlich sieht? Der Cortex nimmt eine genauere Überprüfung des tatsächlichen Bedrohungspotenzials vor. Dazu werden die aktuellen Informationen mit ähnlichen Situationen in der Vergangenheit abgeglichen. Fällt die Prüfung negativ aus, d.h. liegt keine Bedrohungslage vor, kommt der Stressablauf nach kurzer Zeit zum Erliegen.

Ausschüttung von Stresshormonen

Ist eine Bedrohung erkannt, schüttet die Amygdala Glutamin aus, einen Botenstoff, der wiederum einen Teil des Stammhirns, den sog. Blauen Kern (Locus caeruleus) aktiviert. Das Stammhirn ist der älteste Teil des Gehirns. Es wird auch Reptiliengehirn genannt, weil es rein reaktiv funktioniert. Von dort werden die autonomen Körperfunktionen gesteuert: Atmung, Temperatur, Puls und Blutdruck. Der Blaue Kern stößt den Botenstoff Noradrenalin aus, der wiederum den Sympathikus aktiviert, ein Nervengeflecht, das längs der Wirbelsäule verläuft und mit allen Organen verbunden ist. Sympathikus und Noradrenalin aktivieren verschiedene Organe: Herz und Lunge. Bei den Nebennieren angekommen, sorgt das Noradrenalin über den Sympathikus für die Ausschüttung des bekannten Adrenalins: Unser System bereitet sich für einen Kampf oder die Flucht vor.

Was der Stress mit unserem Körper macht

Die Stresshormone Noradrenalin und Adrenalin sind wesentlich verantwortlich für eine Vielzahl körperlicher Phänomene, die wir als Lampenfieber-Symptome wahrnehmen.

- Das Herz-Kreislauf-System wird aktiviert: Unser Herz pumpt schneller und kräftiger, es wird in kürzerer Zeit mehr Blut durch die Adern geleitet. Der Blutdruck steigt. Gehirn und Muskeln werden besser durchblutet und bekommen mehr Energie zur Verfügung gestellt. Dabei findet eine Umverteilung der Ressourcen statt: Die Blutgefäße der großen Arbeitsmuskeln und des Gehirns weiten sich. Daher der rote Kopf und auch der rote Hals mancher Menschen unter Stress. Momentan gefährdete und unwichtige Blutgefäße verengen sich. Das sind vor allem die Blutgefäße der Peripherie, Hände und Füße, der Haut und der Verdauungsorgane. Deshalb bekommen viele Menschen unter starkem Stress kalte Hände und Füße.
- Die Atmung verändert sich: Unsere Bronchien weiten sich, wir atmen schneller und flacher. Der Schwerpunkt der Atmung liegt auf der Einatmung, die Ausatmung ist weniger tief. Das Ziel dieses uralten Programms: Der Körper soll besser mit Sauerstoff versorgt werden. Was für unsere Vorfahren überlebensnotwendig war, entwickelt sich für manchen Vortragenden zum Fluch: Ein kämpfender Körper verbraucht sehr viel mehr Sauerstoff als einer, der nur mit Worten ringt. Der Sauerstoffgehalt des Blutes steigt, während der Gehalt an CO_2 im Blut sinkt. Das Blut übersäuert,

es stehen weniger Calcium-Ionen zur Verfügung. Dadurch entstehen Symptome, die denen des Lampenfiebers sehr ähneln.

- Das Gehirn wird aktiviert: Das Gehirn wird besser durchblutet und mit Sauerstoff versorgt. Adrenalin sorgt dafür, dass wir wach und fokussiert sind. Noradrenalin aktiviert unsere Nervenbahnen. Wir sind ab sofort bereit, Neues zu lernen. Das dürfte einer der Gründe dafür sein, warum Menschen sich oft noch nach Jahren an vieles erinnern können, was sie im Rahmen eines Auftritts erlebt haben.
- Die Spannung der Muskulatur erhöht sich: Die höhere Anspannung von Schultern- und Nackenmuskeln ist auch unter dem Begriff Alarm-Mechanismus bekannt. Wenn wir das Gefühl haben, es droht Gefahr, schützen wir unsere besonders gefährdeten Halsschlagadern intuitiv durch das Hochziehen der entsprechenden Muskelpartien. Insgesamt werden unsere motorischen Reflexe unter Stress besser.
- Der Stoffwechsel verändert sich: Die auffälligste Veränderung ist für uns die Hemmung der Verdauungstätigkeit. Zunächst wird der Speichelfluss reduziert. Das ist für viele Vortragende schnell erkennbar am trockenen Mund. Magen und Darm verlieren einen Teil ihrer Spannung. Sie stellen ihre Tätigkeit für den Moment der Bedrohung weitgehend ein. Warum Verdauen, wenn man gleich tot ist? Es kommt dadurch oft zu verstärktem Harn- und Stuhldrang. Manche Prüfungskandidaten leiden vor dem Termin unter massivem Durchfall. Das ist jedoch nicht auf eine verstärkte Verdauung zurückzuführen. Das Gegenteil ist der Fall. Der Körper wirft sozusagen Ballast ab.

Lampenfieber und Prüfungsangst: die Auslöser

Zwei Menschen, die ähnliche Situationen bewältigen müssen, können ganz unterschiedlich empfinden: Für den einen ist die Präsentation vor der Geschäftsführung eine spannende Herausforderung, der andere kann nächtelang vorher nicht schlafen. Erstaunlicherweise kann aber derselbe Mensch das eine Mal die Präsentation vor der Geschäftsführung als sehr belastend und zwei Wochen später einen Vortrag vor dem gleichen Publikum als deutlich weniger stressreich erleben. Ein anderer spricht problemlos vor Kunden, leidet aber unter Schweißausbrüchen, wenn er auf einem Kongress sprechen soll. Woran liegt das?

Inhaltliche Defizite und fehlende Übung

Keine Selbsthilfemethode der Welt kann Ihnen auf Dauer helfen, den Stress vor einem Vortrag zu reduzieren, wenn Sie sich im Thema nicht auskennen und nicht wissen, wie ein Vortrag aufgebaut wird. Sie können die Angst zwar kurzzeitig mithilfe einer Technik reduzieren, sie wird in aller Regel aber bald wiederkehren, um Sie daran zu erinnern, dass noch eine ganze Menge Arbeit vor Ihnen liegt, bis Sie sich beruhigt zurücklehnen können. Wenn Sie noch nie einen Vortrag vor Publikum gehalten haben, ist es vielleicht keine gute Idee, mit einer großen Rede vor 500 Personen zu starten. Inhaltlich werden Sie beunruhigt sein, wenn Sie noch keine Erfahrung damit haben, wie Sie Rede oder Vortrag optimal aufbauen können. Gewichtiger ist meistens jedoch, dass unerfahrene Redner sich viele Sorgen darüber machen, wie sie beim Publikum ankommen könnten. Das beginnt bei Äußerlichkeiten wie Aussehen und Stimme und endet dabei, dass sie oft nicht realistisch einschätzen können, wie Gruppen in bestimmten Situationen reagieren. Erfahrungsgemäß ist jede gemeisterte Anforderung geeignet, das eigene Selbstvertrauen für die nächsten Auftritte zu stärken. Genau das dürfte auch eines der größeren Probleme beim Umgang mit Prüfungen und Bewerbungsgesprächen sein: beide Situationen kommen nicht sehr häufig vor. Um so wichtiger ist es, beides im Vorfeld zu simulieren.

Schlechte Erfahrungen

Es gibt Menschen, die ihr Thema brillant beherrschen, dutzende Präsentationen gehalten haben und trotzdem immer wieder durch die Hölle gehen, wenn sie sich den Blicken eines Publikums aussetzen müssen. Woran liegt das? Regelmäßig sehr starkem Lampenfieber liegen meistens schlechte Erfahrungen mit Auftritten in der Vergangenheit zugrunde. Ein Klassiker sind die zumindest früher in Grundschulen verbreiteten Lernspiele mit Beschämungseffekt.

Beispiel

Alle Kinder stehen auf. Die Lehrerin stellt einzelnen Kindern Aufgaben aus dem kleinen Einmaleins. Wenn das Kind die richtige Antwort weiß, darf es sich setzen. Am Ende bleibt ein Kind stehen. Es hat nicht gelernt und darf nun für doof befunden werden. Alle lachen. Für ein Kind ist das eine hochgradig unangenehme Erfahrung. Wenn dasselbe Kind später nach Hause kommt, und dann obendrein von den Eltern Vorwürfe zu hören bekommt, warum es denn nicht gelernt habe, besteht eine realistische Chance, dass von nun an Situationen, in denen es im Aufmerksamkeitsfokus anderer Menschen steht, angstbesetzt sind.

Dabei muss eine Person noch nicht einmal selbst direkt betroffen gewesen sein, um später Redeangst zu verspüren. Oft reicht es auch schon, wenn Sie neben jemandem gesessen haben, dem Ähnliches widerfahren ist. Das Gehirn hat gelernt: Wenn du etwas nicht weißt, lachen sie dich aus!

Auftritts-Trigger

Wenn das menschliche Gehirn eine sehr belastende Situation abgespeichert hat, reichen manchmal (unbewusste) Bruchstücke der Originalsituation, um starke körperliche Abwehrreaktionen hervorzurufen.

Beispiel

Im Fall der Schüler aus dem Beispiel oben könnte es sein, dass sie auch als Erwachsene später heftig auf Frauen im Publikum reagieren, die der Lehrerin ähneln. Da reichen bereits graue Haare, wenn die Lehrerin grauhaarig war. Wenn damals 20 Kinder in der Klasse waren, kann es sein, dass der Erwachsene Schamgefühle entwickelt, wenn er vor einer größeren Gruppe sprechen muss. Es kann die Beleuchtung eines Raumes sein oder die Größe, vielleicht sogar die Temperatur.

Diese Auftritts-Trigger sind dem bewussten Denken meistens nicht zugänglich. Die entsprechenden Informationen sind in einem Teil des Limbischen Systems codiert, der dem bewussten Denken nicht zugänglich ist. Wenn Sie regelmäßig unter sehr starkem Lampenfieber leiden, kann es gut sein, dass Sie in Ihrer Biografie entsprechend belastende Situationen erlebt haben. Häufig nimmt man diese Erlebnisse als Erwachsener gar nicht ernst, weil sie aus der heutigen Sicht nicht mehr bedrohlich sind. Es ist gut möglich, dass Sie auch durch Nachdenken nicht darauf kommen werden. Das ist nicht weiter schlimm. Mittels der Klopfakupressur-Methode (siehe das nächste Kapitel) können Sie das Problem auch bewältigen, ohne dass Sie Trigger oder Auslösesituation kennen.

Umwelt- und situationsbedingte Einflüsse

Unter allen Berufsgruppen sind Orchestermusiker wahrscheinlich am stärksten von Auftrittsängsten betroffen. Jazz- und Blues-Musiker scheinen längst nicht so anfällig zu sein. Warum? Das Wesen klassischer Musik besteht darin, einen vorgegebenen Notentext möglichst perfekt nach Maßgabe des Dirigenten wiederzugeben. Das ist nicht nur ein hehres Ideal, sondern hat unmittelbare Auswirkungen auf die berufliche Situation der Betroffenen. Oft entscheidet ein einzelnes Vorspiel über ein Engagement. Der Perfektionismus gehört zum Berufsbild. Demgegenüber besteht ein Großteil der Tätigkeit von Jazz- und Blues-Musikern darin, über ein vorgegebenes Thema zu improvisieren. Einzelne Fehler können im Rahmen der Improvisation eingebunden oder überspielt werden.

Beispiel

Ein Ingenieur aus der Entwicklungsabteilung eines großen Automobilkonzerns berichtete, er hätte erst seit wenigen Jahren starkes Lampenfieber. Im Studium habe er nicht darunter gelitten. Es zeigte sich, dass dieser Mann in einer ohnehin belasteten

Lebensphase während einer Präsentation von seinem Vorgesetzten massiv gedemütigt worden war und seitdem immer wieder Furcht vor einer Wiederholung dieses Erlebnisses hatte. Störungen und giftige Einwände schienen zum selbst gemachten Unterhaltungsprogramm der Abteilung zu gehören.

Umwelt- und situationsbedingte Einflüsse liegen häufig nahe, wenn Betroffene berichten, sie hätten erst seit dem Wechsel in ein neues Unternehmen oder seit Übernahme einer neuen Tätigkeit starkes Lampenfieber.

Familiäre Einflüsse

Einen großen Teil unseres Sozialverhaltens lernen wir in der eigenen Familie. Unsere Einstellung zu Erfolg und zum Thema „Selbstpräsentation" wird ebenfalls in erheblichem Maß von familiären Einflüssen geprägt. Es gibt Familien, in denen nicht laut gesprochen werden darf, in anderen ist das Äußern von Wut und Ärger tabu. In vielen Familien hieß es „Spiel dich nicht so auf!" Wenn Ihr Vater und Ihre Mutter Probleme damit hatten, sich selbst zu präsentieren, ist es sehr wahrscheinlich, dass auch Ihnen Auftritte vor Publikum schwerfallen werden. Wenn es bei Ihnen zu Hause immer harmonisch zugehen musste, haben Sie möglicherweise heute Probleme damit, einem Publikum klare und kritische Worte zuzumuten. Kommen Ihnen Sätze wie die folgenden in Bezug auf Prüfungen oder Auftritte bekannt vor?

- So etwas können wir nicht.
- Das schaffst du sowieso nicht.
- Dein Bruder/Deine Schwester hat auch nicht ...

Haben Sie Sätze dieser Art früher oft gehört, kann dies auf die Entstehung bestimmter Verhaltensweisen, aber auch auf Glaubenssätze zu den Themen Leistung und Erfolg und auf innere Konflikte hindeuten, die zu Selbstsabotage-Mustern bei Prüfungen und Auftritten werden können.

Beispiel

Ein Teilnehmer eines Rhetorik-Seminars sprach bei verschiedenen Übungen vor der Gruppe so leise, dass er von den anderen kaum verstanden wurde. Trotz mehrfachen Feedbacks konnte er das leise Sprechen nicht abstellen. Auf Nachfrage stellte sich heraus, dass der junge Mann in einer hanseatischen Kaufmannsfamilie aufgewachsen war, in der Bescheidenheit und Understatement eine große Rolle gespielt hatten. „Bei uns galt immer: Laute Menschen sind unfein!"

Destruktive Glaubenssätze dieser Art bearbeiten Sie am besten mit der ABC-Methode. Wenn Sie innere Konflikte vermuten, arbeiten Sie mit Selbsthypnose und/oder der Klopfakupressur. Alle diese Methoden finden Sie im Kapitel „Die besten Selbsthilfetechniken".

Zu hoher Aktivierungsgrad

Unser Aktivierungsniveau ist wesentlich mit dafür verantwortlich, wie leistungsfähig wir sind: Ist es zu niedrig, sind wir unkonzentriert und wenig leistungsbereit (siehe hierzu auch das Kapitel „Vorurteile und Fakten"). Ist es zu hoch, reagieren wir schnell ängstlich und entwickeln eher Leistungsblockaden bis hin zum Blackout. Beeinflussen können wir unser Erregungsniveau durch innere und äußere Reize. Dazu gehören Erinnerungen, Gedanken und bildhafte Vorstellungen genauso wie Tee, Kaffee oder Drogen und Musik, Stimmen, Geräusche, Bilder, Texte und andere Sinnesreize, wenn sie eine Bedeutung für uns haben.

Sorgen Sie nach Möglichkeit dafür, dass der Grad Ihrer Aktiviertheit ein mittleres Maß nicht überschreitet. Wenn Sie viel Stress haben, ist jede Entspannungsmethode hilfreich, das Niveau zu senken, solange sie Ihnen liegt: Autogenes Training, Progressive Muskelrelaxation, Yoga, Tai Chi, Qi Gong, Ausdauersportarten oder die Techniken aus dem nächsten Kapitel. Vermeiden Sie alles, was Sie übermäßig aktiviert: Schlafmangel, Ärger, Stress durch schlechte Organisation, Kaffee.

Unfreiwillige Selbsthypnose

Bühnenauftritte können uns automatisch in Trance versetzen. Alle Show-Hypnotiseure weltweit nutzen dieses Phänomen: In dem Moment, wo Menschen sich vor einer Menge anderer Artgenossen exponieren müssen, verändern viele ihren Aufmerksamkeitsfokus: Sie gehen nach innen. Erkennbar wird das z.B. am Verlust des Zeitgefühls und an einem Phänomen namens „Regression". Das ist eine Art innere Zeitreise in die eigene Vergangenheit. Der Psychiater Michael Bohne hat darauf hingewiesen, dass das gefühlte Alter bei öffentlichen Auftritten oft geringer ist als das tatsächliche Alter. Der Betreffende fühlt sich viel jünger. Das ist kein wünschenswerter Jungbrunnen – im Gegenteil. Wenn Sie als 40-jähriger Mann aufgestanden sind und sich im inneren Zustand eines 13-jährigen Jungen vor Ihrem Publikum wiederfinden, bedeutet das, dass Sie auch nur noch Zugriff auf einen Teil Ihrer Erwachsenen-Ressourcen haben. Ein weiteres hypnotisches Phänomen erleben viele Menschen, die unter starkem Lampenfieber leiden: Sie berichten, dass sie das Gefühl hatten, neben sich zu stehen und sich selbst von außen zuzuschauen. Diesen Zustand nennen Fachleute „Dissoziation". Manche Forscher halten das für das zentrale Phänomen jeder Hypnose.

Die Fokussierung nach Innen führt häufig zu einer starken Beschäftigung mit eigenen Körper-Sensationen und dem Kreisen um die Frage, wie das Publikum die eigene Leistung später bewerten wird. Methoden wie das Mental-Training, die Verankerung von Ressourcen, die (bewusste) Selbsthypnose und die Klopfakupressur sind hilfreich, um die unfreiwillige Trance zu vermeiden.

Was können Sie tun?

Im folgenden Kapitel finden Sie einige der effektivsten modernen Selbsthilfemethoden gegen Lampenfieber und Prüfungsangst. Manche davon sind für die akute Intervention kurz vor dem Auftritt oder sogar währenddessen geeignet, andere erfordern deutlich mehr Zeit im Vorfeld, können dafür aber den Stress langfristig senken. Nicht alle Methoden werden Ihnen zusagen, und je nach Problematik ist es gut, wenn Sie zunächst mehrere Techniken ausprobieren. Suchen Sie sich die Methode heraus, die Ihnen am meisten zusagt und praktizieren Sie diese mindestens eine Woche lang. Sie können an jeder beliebigen Stelle anfangen, das Stressgeschehen zu unterbrechen.

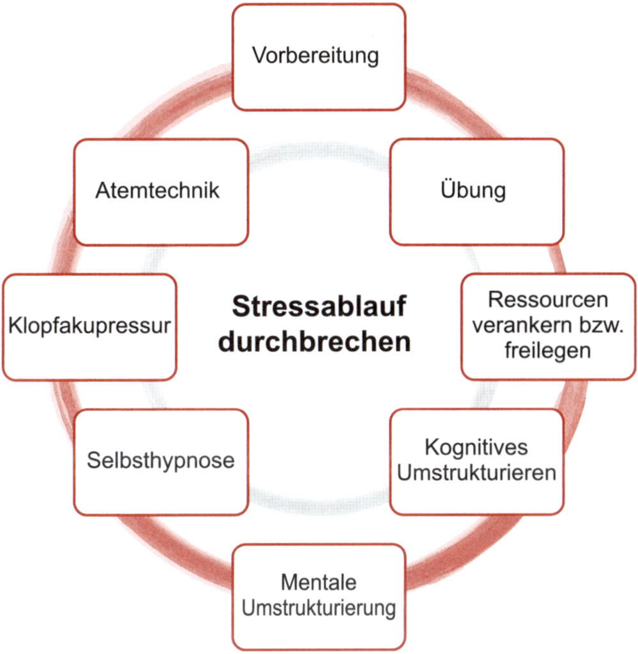

Wie Sie den Stressablauf durchbrechen

Auf einen Blick: Vorurteile und Fakten

- Auch Profis haben Lampenfieber, und ja, man kann etwas dagegen tun – das Gegenteil wird zwar gerne behauptet, trifft aber nicht zu.
- Lampenfieber, auch Bewertungsstress genannt, empfinden wir als unangenehm, weil wir das Scheitern fürchten und auch sonst viele Angstsymptome zu bewältigen haben, wenn es uns trifft. In Maßen kann es uns jedoch leistungsfähiger machen.
- Viele Auslöser von Prüfungsangst und Lampenfieber schlummern in der Vergangenheit. Sie beruhen auf schlechten Erfahrungen, falschen Erziehungsmethoden in Familie und Schule.

Die besten Selbsthilfetechniken

Auftritte vor Publikum und Prüfungssituationen erzeugen Leistungs- bzw. Bewertungsstress. Mithilfe einfacher Methoden können Sie ihn reduzieren oder gar ganz überwinden.

In diesem Kapitel erfahren Sie,

- welche Atemtechniken Ihnen dabei helfen, die Aufregung in den Griff zu bekommen,
- wie Sie negative Gedankenmuster stoppen und umstrukturieren können,
- wie Sie sich mit mentalen Trainingsstrategien auf Auftritte und Prüfungen vorbereiten können,
- wie Sie mit Selbsthypnose Ihr Lampenfieber auf Dauer minimieren,
- wie Sie mit Klopfakupressur auch starke Stresszustände auflösen können.

Atemtechniken reduzieren Stress

Schon seit Jahrhunderten greifen kundige Menschen vieler Kulturen auf Methoden der Atembeobachtung oder -kontrolle zurück, um mentale und körperliche Zustände zu beeinflussen. Praktizierende verschiedener Meditationsrichtungen nutzen Techniken der Atembeobachtung, um Körper und Geist zu beruhigen und zu inneren Einsichten zu gelangen. Ärzte setzen sie zur Reduktion von Schmerzen und zur Beeinflussung von stressbedingten Erkrankungen ein.

Tatsächlich bietet uns die Atmung eine seltene Chance, auf ansonsten kaum oder gar nicht willentlich steuerbare Körperfunktionen Einfluss zu nehmen. Das Herz-Kreislauf-System lässt sich von uns nicht mit dem Willen beruhigen. Mit unserer Atmung können wir dagegen positiv darauf einwirken. Verschiedene Studien haben gezeigt, dass sich über eine Verlangsamung des Atmens und ein verbessertes Einatmen dauerhaft Blutdrucksenkungen erzielen lassen.

Die Kunst des richtigen Atmens

Leider haben sich in unserer Kultur zwei Fehleinschätzungen fest etabliert: Zum einen glauben wir, dass es bei der Atmung vor allem auf die Sauerstoffaufnahme ankäme. Wir räumen der Einatmung einen deutlich höheren Stellenwert ein als der Ausatmung. Zu Unrecht: Natürlich bekämen wir bei ungenügender Sauerstoffaufnahme schnell ein Problem. Meist ist es jedoch in der Praxis die Ausatmung, die uns Probleme macht, wie wir gleich noch sehen werden.

Und damit sind wir beim zweiten Missverständnis. In unserer Kultur haben sich viele Menschen angewöhnt, mit der Brust zu atmen. Mancher Atemlehrer führt das auf den alten Turnvater Jahn zurück, der das alte preußische Haltungsideal initiiert hat: Brust raus, Bauch rein.

Wenn wir diese Haltung nicht schon erziehungsbedingt praktizieren, erledigt den Rest der Stress: Bei den meisten Menschen rutscht unter Stress die Atmung hoch. Sie atmen nicht mit dem Zwerchfell, sondern mit den Brustmuskeln, oder – wenn es noch stressiger oder angsteinflößender wird – mit den Schultern. Wenn wir unter Druck geraten, ziehen wir augenblicklich und unbewusst die Schultern hoch, um unsere empfindlichen Halsschlagadern vor Verletzungen zu schützen. Der Körperpanzer, den wir uns dadurch zulegen, erfordert von uns aber den Preis einer eingeschränkten Atemkapazität. Allenfalls 0,2 statt der normalen 0,5 Liter Luft können wir so noch aufnehmen. Zudem wird nur noch der oberste Teil der Lunge belüftet – kein Wunder also, dass wir in Atemnot geraten.

Das Problem mit der Hyperventilation

Unter Angst und Stress liegt intuitiv das Hauptgewicht auf der Einatmung, kaum auf der Ausatmung. Ein Körper, der sich für den Kampf oder die Flucht vorbereitet, benötigt deutlich mehr Sauerstoff als im Ruhezustand. Aber was passiert, wenn dieses Überangebot an Sauerstoff nicht von den Organen verbraucht wird? Der Sauerstoff steckt in den Lungenbläschen fest und blockiert die weitere Atmung. Unser Atemzentrum meldet Luftnot zurück, und wir atmen schnell wieder weiter ein.

Viele Menschen reagieren unter Stress mit einer solchen beschleunigten und vertieften Atmung. Sie hyperventilieren. Die Hyperventilation führt aber nicht zu einem Anstieg des verfügbaren Sauerstoffs, sie führt vor allem zu einem Absinken des CO_2-Gehaltes im Blut. Das Blut verändert damit seinen pH-Wert und wir unseren Geisteszustand. Hyperventilation führt im Ergebnis zu ähnlichen Phänomenen wie Angst und Stress: Wir bekommen kalte Hände und Füße, unser Kreislauf schwankt, uns wird schwindelig, Angst und Panik können sich einstellen. Ab und an werden Menschen vor lauter Panik tatsächlich ohnmächtig.

Bei Auftritten schaukeln sich die Stress-Symptome gegenseitig auf: Angst führt zur Hyperventilation und unser System entscheidet, dass gerade etwas Gefährliches in Gang sein muss, also bekommen wir mehr Angst.

> Achten Sie beim Reden vor allem auf die Ausatmung. Die Einatmung kommt von alleine. Sobald Sie vorne stehen oder sitzen, atmen Sie zunächst zu zwei Dritteln aus und sprechen Sie dann sofort los, um nicht in den üblichen Angstreflex zu verfallen: Fremde Menschen sehen, tief einatmen und die Luft anschließend nicht mehr loswerden.

Die Techniken

Atembeobachtung

Diese Variante der Arbeit mit der Atmung ist gleichzeitig die einfachste und schwierigste. Die Technik selbst ist sehr einfach. Schwierig ist es, während der Übung die Konzentration aufrechtzuerhalten. Das Prinzip ist folgendes: Sobald wir unsere Atmung lediglich beobachten, ohne in den natürlichen

Ablauf einzugreifen, also ohne die Ein- oder Ausatmung zu forcieren, wird sich die Atmung und mit ihr auch der Puls nach kurzer Zeit beruhigen.

Übung: Atembeobachtung

- Nehmen Sie sich etwa fünf Minuten Zeit. Suchen Sie sich eine bequeme Sitzgelegenheit und setzen Sie sich so, dass weder Bauch noch Brustbereich beim Atmen eingeschränkt werden.
- Stellen Sie beide Beine auf den Boden, um Halt zu haben.
- Nun fangen Sie an, durch die Nase ein- und durch den Mund auszuatmen. Beim Ausatmen können Sie ein leises langgezogenes Geräusch produzieren, z. B. „Pffffffffff".
- Bei der ersten Ausatmung fangen Sie an, innerlich mitzuzählen (erste Ausatmung: 1, zweite Ausatmung: 2 ...). Wenn Sie sich verzählen bzw. wenn Sie plötzlich nicht mehr wissen, welche Zahl die nächste ist, fangen Sie wieder bei 1 an.

Diese Übung wirkt dann, wenn Sie damit einige Zeit vor Ihrem Termin beginnen. Sie eignet sich nicht dafür, massive Stresszustände augenblicklich zu reduzieren, vermindert aber langfristig das Gesamt-Stressniveau. Sie können die Methode auch unauffällig kurz vor Ihrem Termin einsetzen: Während Sie vor dem Prüfungsraum sitzen, konzentrieren Sie sich einfach ein paar Minuten auf Ihre Atmung.

Tiefen- oder Bauchatmung

Bei dieser Übung geht es darum, ganz bewusst das Zwerchfell zur Atmung zu benutzen. Dadurch nutzen Sie den vorhandenen Atemraum optimal aus und beugen der Hyperventilation vor. Als Nebeneffekt tun Sie auch Ihrer Stimme etwas Gutes: Bei funktionierender Tiefenatmung öffnen sich die Stimmlippen im Kehlkopf optimal. Stimmliche Schwierigkeiten, wie eine heisere Stimme oder Räusperzwang, lassen sich dadurch minimieren.

Übung: Bauch- bzw. Tiefenatmung

Sie können diese Übung im Liegen oder im Stehen machen.

- Legen Sie eine Hand ungefähr in Nabelhöhe auf den Bauch, die andere Hand liegt auf dem Brustbein.
- Atmen Sie tief durch die Nase ein, und stellen Sie sich vor, wie der Atem langsam bis zu Ihrer Hand am Nabel fließt, bis er schließlich die Bauchdecke hochatmet. Kontrollieren Sie die Bewegung mit Ihren beiden Händen: Es sollte sich nur die Bauchdecke bewegen, nicht der Brustkorb. Die Schultern sollten unten bleiben.
- Dann lassen Sie den Atem durch den Brustraum zurück nach oben steigen und atmen durch die Nase aus. Dabei fühlt die untere Hand, wie die Bauchdecke wieder absinkt.
- Achten Sie vor allem auf eine lange Ausatmung und vermeiden Sie Stress und Hektik beim Atmen.

Wenn Sie die Übung ein paar Minuten praktiziert haben, sollte sich eine deutliche Beruhigung einstellen. Ideal ist diese Methode auch abends als Einschlafhilfe. Üben Sie die Tiefenatmung mehrfach, bis Sie sie in der echten Situation einsetzen.

Panikatmung 1

Diese Übung kommt aus dem therapeutischen Bereich und sorgt in kurzer Zeit für den Abbau großer Stress-Peaks. Durch die kurzzeitige massive Anspannung aller Muskeln soll gleichzeitig Adrenalin verbraucht und der Kohlendioxidgehalt des Blutes normalisiert werden.

Übung: Panikatmung 1

- Nehmen Sie einen langsamen, tiefen Atemzug durch die Nase.
- Halten Sie die Atmung 10 Sekunden an und spannen Sie dabei alle Muskeln Ihres Körpers fest an ohne zu verkrampfen.
- Atmen Sie langsam durch die Nase wieder aus und entspannen Sie gleichzeitig alle Muskeln wieder.
- Wiederholen Sie die Übung bei Bedarf.

Diese Übung ist nicht schön, aber höchst effektiv bei starkem Stress bzw. bei Panik.

Panikatmung 2

Wenn Ihnen die erste Variante der Panikatmung nicht liegt, versuchen Sie folgende Übung.

Übung: Panikatmung 2

- Atmen Sie tief in den Bauch ein. Zählen Sie dabei: 1 - 2 - 3 - 4
- Atmen Sie tief aus und zählen Sie wieder: 1 - 2 - 3 - 4
- Halten Sie die Atmung an und zählen Sie innerlich bis 10.
- Wiederholen Sie die Schritte 1 und 2: Atmen Sie tief ein und aus und zählen Sie dabei wieder bis 4.
- Bei Bedarf wiederholen Sie die Übung, bis die Anspannung nachlässt.

Diese Übung reguliert vor allem das CO_2-Niveau des Körpers und eignet sich, wenn Sie unter Stress zur Hyperventilation neigen. Da sie unauffälliger als die erste Übung ist, können Sie sich damit auch beruhigen, wenn Sie im Fokus anderer Menschen stehen.

Stärkende Ressourcen aufbauen und verankern

Um eine vor Ihnen liegende Herausforderung meistern zu können, greifen Sie, bewusst oder unbewusst, auf eine Reihe von Ressourcen zurück: Das sind z.B. bestimmte Gefühlszustände, die Ihnen in bestimmten Situationen bereits geholfen haben.

Beispiel

Wenn Sie zu einem Vorstellungsgespräch eingeladen werden, ist es deutlich hilfreicher, diese Aufgabe mit Zuversicht anzugehen. Sie kann sich daraus speisen, dass Sie schon viele schwierige Herausforderungen gemeistert haben. Dann haben Sie sicher bessere Chancen, als wenn Sie innerlich davon überzeugt sind, dass Sie den Job ohnehin nicht bekommen werden.

Auch wenn eine Prüfung bevorsteht, funktioniert dieses Prinzip. Wer ein Hobby hat, das er liebt, kennt manchmal selbst die überflüssigsten Daten und Fakten. War es anstrengend, das alles zu lernen? Nein, es war einfach brennend interessant. Die inneren Haltungen Neugier und Interesse, vielleicht auch der Wunsch, vor anderen mit dem erworbenen Wissen Anerkennung zu finden, waren dafür entscheidend. Warum dies nicht auch auf das Lernen für die Prüfung übertragen und es hierfür als Ressource nutzen?

- Mentale Ressourcen, die Ihnen bei der Bewältigung einer Aufgabe helfen, können z.B. Selbstvertrauen, Mut, Zuversicht, Freude, ein Gefühl von Leistungsfähigkeit („Ich schaffe das!") sein.
- Neben diesen Gefühlszuständen gehören auch Persönlichkeitseigenschaften und all die Fähigkeiten und all das Wissen, das Sie in Ihrem bisherigen Leben gesammelt haben, zu Ihren Ressourcen, so z.B. Allgemein- und Spezialwissen, Humor, Disziplin, Zielstrebigkeit.
- Neben eigenen Ressourcen gibt es auch noch Fremdressourcen: Wer kann Sie unterstützen mit Wissen/Fähigkeiten/psychisch oder mental? Wer ist auf Ihrer Seite? Wer wird hinterher stolz auf Sie sein? Was wird diese Person zu Ihnen sagen?

In sehr stressigen Situationen, insbesondere wenn das sog. Arousal-Level recht hoch ist, das für die Aktivierung unseres zentralen Nervensystems zuständig ist, verlieren wir unsere Ressourcen schnell aus dem Blick. In dem Moment, wo uns unsere ganze Kraft und unsere Fähigkeiten bewusst werden, gehen wir zuversichtlicher mit der Herausforderung um; der Stresspegel sinkt dann fast automatisch.

Es ist nicht schlimm, wenn Sie noch nie genau die gleiche Situation erlebt haben wie die anstehende. Greifen Sie auf eine ähnliche zurück. Falls auch das nicht möglich ist, nehmen Sie eine andere Person, die über die gewünschten Eigenschaften verfügt und versetzen sich in diese hinein. Tun Sie so, als ob Sie diese Person wären.

Wenn Sie sich auf eine berufliche Prüfung vorbereiten, in der Schule aber seinerzeit nicht gerade zu den brillantesten Köpfen zählten, können Sie auch eine Prüfung aus dem Hobby-Bereich nehmen. Ihrem Unterbewusstsein ist das relativ egal. Die Prüfung war eine Herausforderung. Sie haben Sie erfolgreich gemeistert. Prima!

Übung: Ressourcen installieren

1 Entscheiden Sie sich für ein Gefühl, einen inneren Zustand, das oder der Ihnen in der vor Ihnen liegenden Situation helfen würde, wenn sie es oder ihn in der Situation empfinden könnten (z.B. Selbstvertrauen, Souveränität, Erfolgszuversicht).

2 Erinnern Sie sich an drei Situationen, in denen Sie Ähnliches empfunden haben. Diese Situationen können auch aus ganz anderen Lebensbereichen stammen.

3 Suchen Sie aus den drei Situationen diejenige heraus, die am besten passt oder die sich am stärksten und besten anfühlt.

4 Erleben Sie diese Situation innerlich nach, als würden Sie sie gerade wieder erleben.

5 Beantworten Sie innerlich die Fragen:

- Was sehe ich in der Situation?
- Was höre ich in der Situation?
- Was fühle ich in der Situation? An welcher Stelle meines Körpers fühle ich es jetzt und hier?

6 Versuchen Sie das Gefühl zu verstärken, indem Sie sich vorstellen, wie es sich in Ihrem Körper ausbreitet. Machen Sie es höher und breiter.

Übung: Ressourcen installieren

7 Setzen Sie nun einen sog. Anker: Greifen Sie sich einen Talisman und drücken Sie ihn. Oder drücken Sie ein Fingergelenk oder Ihr Handgelenk. Rufen Sie sich ein passendes Symbol ins Gedächtnis oder verbinden Sie das Gefühl, den inneren Zustand mit einem Bild. Ob es sich dabei um ein gedachtes oder um ein reales Bild handelt, ist gleichgültig. Vielleicht können Sie Ihren Anker auch mit einem Begriff verbinden. Sie müssen dabei nicht politisch korrekt sein. Niemand hört zu. Nehmen Sie einen Begriff, der tatsächlich etwas in Ihnen auslöst: „Power. Yeah. Nur Mut! Das schaffe ich. Das pack ich. Das wird auch klappen. Super!"

8 Anschließend probieren Sie Ihren Anker aus: Drücken Sie Talisman oder Handgelenk. Denken Sie an das Symbol, denken Sie an das Wort. Einer dieser Anker reicht normalerweise völlig aus, um das Gefühl wieder abzurufen. Je häufiger Sie den Anker benutzen, umso leichter wird er abrufbar.

9 Gehen Sie jetzt mit diesem Gefühl in Gedanken durch die vor Ihnen stehende Situation. Wie verändert sich diese Situation nun gefühlsmäßig?

Manchmal muss man zwei oder drei Gefühle oder Zustände übereinanderlegen, um die nötige Selbstsicherheit und Zuversicht für eine Situation aufzubauen. Gehen Sie hierzu einfach wieder genau so vor wie beim ersten Mal. Nutzen Sie die gleichen Anker. Je plastischer Sie sich die Situation vorstellen können, umso stärker wird erfahrungsgemäß das Gefühl.

Katastrophenphantasien entmachten

Unser Alltagsverständnis macht uns weis, dass es zwingende Zusammenhänge zwischen bestimmten Situationen und unseren Reaktionen darauf gibt: Eine Prüfung in einem schwierigen Fach macht uns panisch – kein Wunder, es gibt ja auch eine hohe Durchfallquote. Wir müssen einen Vortrag halten und reagieren gestresst und ängstlich. Warum eigentlich?

Der amerikanische Psychologe Albert Ellis entwickelte in der Mitte des 20. Jahrhunderts ein einfaches Modell, um die Entstehung von Gefühlen und Reaktionen zu erklären. Demnach gibt es in vielen Fällen keinen direkten Zusammenhang zwischen einem Ereignis und unserer Reaktion darauf. Vielmehr vollziehen Menschen meistens einen oft unbewussten Zwischenschritt, in dem sie das vorgefallene auf der Basis eigener Erfahrungen und Glaubenssätze einordnen und mit Bedeutung versehen. Dabei stellt sich bei näherer Betrachtung oft heraus, dass die Gedanken und Überzeugungen, die wir zu bestimmten Dingen hegen, wenig rational bis sehr irrational sind. Besonders bei angst- und sorgenbehafteten Themen entsteht so schnell ein Kreislauf aus beängstigenden Gedanken und negativen Gefühlen.

Nach Ellis kann jedes reale oder vorgestellte Ereignis rational oder irrational bewertet werden. Die Bewertung führt ihrerseits wieder zu Gefühlsreaktionen:

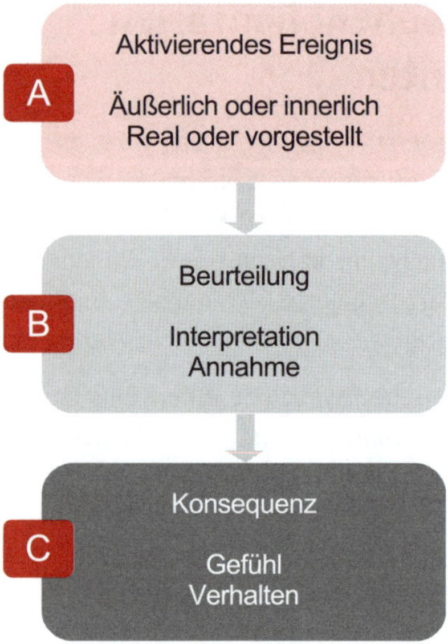

ABC-Modell nach Albert Ellis

Wenn Sie eingeladen sind, auf einem Kongress zu sprechen und sich nun vorstellen, dass der Veranstalter verärgert sein wird, wenn Sie hinter dem Pult stehen und erkennbar schlecht vorbereitet sind, ist das eine durchaus rationale Bewertung.

Anders sieht es aus, wenn Sie sich vorstellen, wie Sie vorne auf der Bühne stehen und denken: „Oh nein! Warum habe ich diese Einladung bloß angenommen? Ich kann so etwas doch gar nicht. Ich bin einfach nicht so ein Selbstdarsteller! Wahrscheinlich werde ich mich blamieren und die Leute werden hinterher schlecht über mich reden." Anschließend bekommen Sie Angst und fühlen sich als Versager. Sie urteilen über sich:

„Wie kann ein erwachsener Mann nur Angst vor ein paar Leuten haben, die obendrein noch gekommen sind, weil sie sich für das Thema interessieren? Das kann doch nur ein Weichei sein, oder?"

Diese Bewertungen sind sicher nicht rational und schon gar nicht hilfreich, wenn Sie sich auf ein wichtiges Ereignis vorbereiten wollen. Sind Ihnen ähnliche Gedanken bekannt? Oft stellen sie sich unserem Gehirn als Bilder oder als kurz aufflackernde Ideen dar. Sammeln Sie diese Gedanken und überprüfen Sie danach, ob sie realistisch und hilfreich sind.

- „Ich kann so etwas doch gar nicht!": Wer sagt das? Nur ich selbst? Oder hat mir das vielleicht sogar jemand eingeredet? Meine Eltern oder mein früherer Chef? Hatten die immer recht? Habe ich noch nie vor Publikum gestanden und eine wenigstens einigermaßen passable Figur abgegeben? Doch, bei den Präsentationen im Unternehmen sind die Zuhörer meistens ganz zufrieden.
- „Ich bin nicht so ein Selbstdarsteller!": Sind alle Menschen, die gute Vorträge halten, damit gleich Selbstdarsteller? Nein, sicher nicht. Ich kenne zwei Kollegen, die unterhaltsam und fachlich korrekt präsentieren, ohne sich selbst zu sehr in den Vordergrund zu spielen.
- „Wahrscheinlich werde ich mich blamieren und die Leute werden hinterher schlecht über mich reden.": Woher weiß ich das? Die Wahrscheinlichkeit, dass ich mich blamiere, ist sehr gering, wenn ich gut vorbereitet bin. Immerhin kenne ich mich aus in meinem Fach. Und selbst wenn ich etwas nicht weiß, ist das dann sofort eine Blamage? Und selbst

wenn nicht alles einwandfrei läuft: Werden alle Menschen im Publikum schlecht über mich reden? Nein, sicher nicht.

- „Ich bin ein Versager und Weichei!": Selbst wenn mir dieser Vortrag nicht so gut gelingt, bin ich noch lange kein Versager. Manchmal haben Menschen schlechte Tage. Auch ich. Nervosität und Angst vor einer wichtigen Veranstaltung machen mich noch nicht zum Weichei. Das zeigt nur, dass ich die Sache ernst nehme und den Leuten etwas bieten möchte.

Nach Albert Ellis können wir uns jede kognitive Bewertung und jeden Glaubenssatz bewusst machen und auf den Prüfstand stellen. In dem Moment, in dem wir irrationale Bewertungen erkennen, verändert sich auch unser Gefühlsleben.

A = Auslöser
Reales Ereignis oder gedankliche Vorstellung ▪ Ich befinde mich in einer Prüfung. ▪ Ich stelle mir vor, wie ich nächste Woche geprüft werde.
Aus der Innenwelt oder aus der Außenwelt ▪ Wahrnehmung des eigenen Herzschlags oder von Gedanken ▪ Wahrnehmung des Raumes oder des Verhaltens von anderen
Aus Vergangenheit, Gegenwart oder Zukunft ▪ Eine Prüfung aus dem letzten Jahr ▪ Eine Prüfung, die soeben stattfindet ▪ Eine Prüfung, die im nächsten Monat ansteht

B = Beliefs (Annahmen, Wertungen – rational oder irrational)	**D = Dispute** (Diskussion, Überprüfung)
▪ Dogmatismus: Man muss, jeder soll, es ist so, … ▪ Negative Generalisierungen: Alle sind gegen mich ▪ Schwarz-Weiß-Denken ▪ Katastrophendenken: Es wäre schrecklich …/ Es gibt nichts Schlimmeres … ▪ (Selbst-) Bewertung: Ich bin wertlos./Ich bin ein Versager. ▪ Unrealistisch personalisierendes Denken: Ich könnte es nicht ertragen, wenn …	▪ Ist das hilfreich? ▪ Ist das realistisch? ▪ Schädige ich mich damit selbst? ▪ Ist das logisch? ▪ Was wären/sind die Konsequenzen aus dieser Idee? ▪ Stimmt das mit der allgemeinen Lebenserfahrung überein?
C = Consequences (Gefühle und Verhalten: gesund/ hilfreich oder ungesund/ hinderlich)	**E = Effect** (Neue und hilfreiche Gedanken und Verhaltensweisen)
▪ Angst/Panik ▪ Ohnmacht ▪ Scham/Schuld ▪ Wut/Hass ▪ Niedrige Frustschwelle ▪ Depression	▪ Vorlieben, Wünsche ▪ Analyse/Benennung von Unerwünschtem ▪ Hohe Frustrationstoleranz ▪ „Menschen dürfen Fehler machen" ▪ Enttäuschung/Traurigkeit ▪ Frustration ▪ Besorgnis ▪ Ärger

Legen Sie eine solche Tabelle nun auch zur Entwicklung eigener neuer hilfreicher Gedanken und Verhaltensweisen an. Es geht dabei nicht darum, dass Sie sich einreden, es sei unwichtig, wie der Vortrag laufen wird. Es geht auch nicht darum, dass Sie sich selbst zur Superfrau oder zum Supermann stilisieren. Bleiben Sie realistisch: Sie werden vermutlich viel entspannter reagieren, wenn Sie zu dem Ergebnis kommen, dass Sie zwar noch kein Profiredner sind, aber sich durch gute Vorbereitung und Übung weiterentwickeln können. Auch dieser Auftritt wird Sie weiter bringen. Sollte tatsächlich etwas misslingen, so werten Sie das, wenn es überhaupt mit Ihnen und Ihrer Vorbereitung zu tun hatte, als Feedback und wichtige Anregung, was Sie beim nächsten Mal besser machen können.

Beispiel

Ein junger Mann von 27 Jahren kam auf Betreiben seines Vaters, eines früheren Vorstands, zum Coaching wegen Prüfungsangst. Er war ein Mal durch die entscheidende Prüfung gefallen, und ein Mal von seinem wohlmeinenden Professor vorzeitig nach Hause geschickt worden. Sein nächster Versuch war auch gleichzeitig sein letzter. Schon bald stellte sich heraus, dass der junge Mann große Angst hatte, vor seinem erfolgreichen Vater als Versager dazustehen. Seine inneren Vorstellungen besagten, wenn er noch einmal durchfallen würde, sei alles aus: Er müsse sich vor den Eltern schämen, würde nie einen Job bekommen und am Ende verarmen oder sogar verhungern. Bei der Diskussion dieser wenig hilfreichen Annahmen zeigte sich, dass er neben dem Studium bereits eine kleine Firma aufgebaut hatte, um die er sich wenig kümmerte, die aber trotzdem Gewinne abwarf. Zudem hatte er einen recht verantwortungsvollen und lukrativen Nebenjob in der Dienstleistungsbranche. Einen von zwei anderen in Aussicht gestellten Jobs würde er auch ohne Abschluss bekommen, wenn vielleicht auch mit weniger Gehalt. Innerhalb kurzer Zeit sank sein Stresspegel rapide ab. Zwei Wochen später bestand er die Prüfung bei erträglichem Stress.

Mentale Trainingsstrategien nutzen

Die Methoden des sog. Mentaltrainings sind insbesondere aus dem sportlichen Bereich bekannt, werden aber auch in der Musik, in der Medizin und im Management mit Erfolg eingesetzt. In einer Vielzahl von Studien wurde die Wirksamkeit dieser Techniken bewiesen. So hilft mentales Training u.a. dabei

- Wettkampf- und Auftrittsängste zu minimieren,
- das eigene Selbstvertrauen zu steigern,
- das Denken in negativen Konsequenzen zu minimieren,
- die körpereigene Immunabwehr zu mobilisieren.

Die Stopp-Technik gegen negative Gedanken und Katastrophenphantasien

Negative Gedanken in Bezug auf Leistungssituationen haben die unangenehme Eigenschaft, immer wieder aufzutreten. Manchmal tauchen sie in Form ganzer Sätze auf („Das schaffst du nicht!"). Manchmal erscheinen sie als innere Bilder oder kurze Filmausschnitte (Sie sehen sich selbst vor Publikum und bekommen kein Wort heraus). Immer aber gehen damit unangenehme Gefühle einher.

Wenn uns ein negativer Gedanke oder eine unangenehme Vorstellung einholt, eignet sich die Stopp-Technik, um diese negative Selbstbeeinflussung sofort zu unterbrechen.

Übung: Die Stopp-Technik

- Rufen Sie sich selbst innerlich „Stopp!" zu, und lassen Sie vor Ihrem inneren Auge ein großes rotes Stopp-Schild auftauchen. Stellen Sie sich das Schild so deutlich vor, wie Sie können. Wenn Sie alleine sind, können Sie auch mit den Fingern schnippen, eine Faust ballen oder mit der flachen Hand leicht auf den Tisch klopfen. Wenn sich damit die Gedanken nicht sofort unterbrechen lassen, wiederholen Sie den Ablauf.
- Atmen Sie anschließend tief in den Bauch ein und langsam wieder aus. Wenn Sie mögen, zählen Sie beim Einatmen 1-2-3 und beim Ausatmen 1-2-3-4-5-6.
- Richten Sie Ihre Aufmerksamkeit auf etwas Angenehmes: Stellen Sie sich einen vertrauten Menschen vor, der Ihnen freundlich zunickt, oder denken Sie an ein schönes Erlebnis z. B. aus dem Hobby-Bereich. Hilfreich ist hier auch die Erinnerung an einen schulischen oder beruflichen Erfolg. Je plastischer Sie die Erinnerung werden lassen, umso effektiver ist die Technik.

Leistungssituationen mental trainieren

Gedanken und innere Vorstellungen erzeugen neurophysiologische Veränderungen: Wenn Sie sich vorstellen, dass Sie mit nackten Füßen an einem schönen Strand entlanglaufen und

Ihre Füße von lauwarmem Meerwasser umspült werden, führt das vermutlich bei Ihnen, wie bei den meisten anderen Menschen auch, zu körperlichen Entspannungsreaktionen. Allein über Ihre Phantasie können Sie Einfluss nehmen auf Ihr Herz-Kreislauf-System, Ihre Atmung und Ihre Gefühle. Über Ihre inneren Bilder können Sie sich darauf vorbereiten, anspruchsvolle Situationen erfolgreich zu bewältigen. Sie können sich genauso auf Misserfolg programmieren, wie Sie sich darin üben können, besonders schwierige Leistungen zu vollbringen.

Kurzentspannung als Vorbereitung

Um von den im Folgenden vorgestellten Methoden optimal profitieren zu können, bringen Sie sich idealerweise davor in einen entspannten Zustand. Wenn Sie gerade unter starkem Stress leiden, werden Sie sich auf die Übungen wahrscheinlich nur schwer einlassen können.

Um die größten Stress-Spitzen abzufangen und Adrenalin abzubauen, eignet sich die folgende kurze Übung.

Kurzentspannung

- Nehmen Sie einen langsamen tiefen Atemzug durch die Nase.
- Halten Sie die Atmung 10 Sekunden an und spannen Sie dabei alle Muskeln Ihres Körpers fest an, ohne dabei zu verkrampfen.
- Atmen Sie langsam durch die Nase wieder aus und entspannen Sie gleichzeitig alle Muskeln wieder.

Bei Bedarf wiederholen Sie die Übung.

Der Mentale Probedurchlauf

Gehen Sie in Gedanken die Situation, die vor Ihnen liegt, durch. Sollten Sie an einigen Stellen übermäßigen Stress verspüren, nutzen Sie eine der Atemtechniken vom Anfang dieses Kapitels, um sich zu entspannen, oder setzen Sie die Klopfakupressur-Methode ein (siehe dazu weiter unten im Kapitel).

Mentaler Probedurchlauf

- An welcher Situation wollen Sie arbeiten?
- Notieren Sie Ihre wichtigsten Ziele: Was soll geschehen, wie wollen Sie sich fühlen?
- Welches sind die wichtigsten Elemente, die zu der Situation gehören? (Beispiele: der Raum, anwesende Personen, Sitzordnung, Beleuchtung, Innenausstattung, Beamer, Pult)
- Welche Stationen werden Sie bis zum Ende des Auftritts durchlaufen? (Beispiele: Wohnung verlassen, zum Veranstaltungsort fahren, zur Bühne gehen, Publikum begrüßen etc.)

Die Mentale Stress-Impfung

Mit dieser Methode können Sie sich auf problematische Situationen vorbereiten, die auftreten können.

Beispiel

Bei einer Präsentation könnten folgende Probleme auftreten: Die Technik fällt aus, Sie werden mit schwierigen Einwänden konfrontiert, jemand stört Ihre Veranstaltung, Sie verlieren den Faden.

Die meisten Probleme sind in der Realität nur noch halb so schlimm, wenn Sie sich vorab gedanklich und lösungsorientiert damit auseinandergesetzt haben.

Mentale Stress-Impfung

- Beginnen Sie dazu wieder mit einer kurzen Entspannung.
- Gehen Sie in Gedanken eine schwierige Situation durch, die Sie durch Einsatz einer geeigneten Technik bewältigen. Wenn Sie Sorgen haben, Sie könnten einen Blackout erleiden, stellen Sie sich einen entsprechenden Ablauf vor und bewältigen Sie die Situation im Kopf, indem Sie eine der Methoden aus dem Kapitel „Die besten Selbsthilfetechniken" einsetzen. Wenn Sie Einwände oder Angriffe aus dem Publikum erwarten, gehen Sie den gleichen Einwand mehrfach durch und erleben sich selber, wie Sie ganz ruhig bleiben und den Einwand oder Angriff souverän entkräften. Vielleicht unterstützen Sie sich zusätzlich noch durch hilfreiche Gedanken: „Da bleibe ich doch ganz ruhig. Ich bin sicher. Ich bin gut vorbereitet. Das geht gleich vorüber."
- Achten Sie auch hier wieder darauf, dass diese Sätze tatsächlich Ihrem eigenen inneren Repertoire entstammen. Wenn es Sätze sind, die Ihrer Selbstberuhigung dienen sollen, denken Sie daran, sich eine ruhige Tonalität dabei vorzustellen.
- Arbeiten Sie so lange mental an einer Stelle, bis Sie mit dem Ergebnis zufrieden sind.

Mentale Stress-Impfung

- Bleiben Sie bei Problemen, die kreative Lösungen erfordern, möglichst entspannt. Wenn Ihnen zu einer Situation nichts mehr einfällt, gehen Sie innerlich weiter. Bei Bedarf setzen Sie eine der Atemtechniken oder die Klopfakupressur ein, um sich zu beruhigen.

Das Leben nach dem großen Ereignis

Bei vielen Angstkandidaten scheint das Leben mit der Prüfung oder dem Auftritt zu enden: Die Lebensplanung, die inneren Zukunftsbilder enden mit der bevorstehenden Lampenfiebersituation. Um eine andere hilfreichere Perspektive einzunehmen, eignet sich diese sehr kurze Übung sehr gut: Stellen Sie sich einfach vor, was Sie nach Ihrer Prüfung unternehmen werden: Gehen Sie mit Ihrem Partner essen? Gönnen Sie sich etwas? Treffen Sie Freunde?

Aus der Zukunftsperspektive betrachtet erscheinen viele Probleme automatisch kleiner. Außerdem suggerieren Sie Ihrem Gehirn so auf subtile Weise, dass Sie nicht an der Prüfung sterben werden. Noch nicht einmal, wenn es „nur" eine 2,7 wird.

Souverän durch Selbsthypnose

Eine der ältesten und gleichzeitig effektivsten Techniken gegen Stress und Ängste aller Art ist die Hypnose. Im normalen Wachbewusstsein können wir keinen Einfluss auf autonome Körperfunktionen, wie z. B. Herzschlag und Durchblutung, nehmen. Mit Hypnose ist das möglich. Sie wird z. B. erfolgreich zur Senkung des Blutdrucks und sogar zur Anästhesie eingesetzt. Ihre Wirksamkeit bei verschiedenen Ängsten und bei Stresszuständen ist in vielen Studien nachgewiesen worden. Gleichwohl ranken sich immer noch unzählige Mythen um dieses effektive Selbsthilfeinstrument.

Hypnotische Zustände gehören zum Alltag

Hypnoseforscher sind davon überzeugt, dass jede Hypnose im Grunde eine Selbsthypnose ist. Man sieht hypnotische Zustände als ganz alltägliche Erscheinungen an und spricht dann von „Alltags-Trancen". Solche Zustände treten auf beim Schauen eines interessanten Films, beim Autofahren oder beim Sport.

In Trance sind wir stark fokussiert, die Aufmerksamkeit ist erhöht. Unsere Umgebung tritt in den Hintergrund oder wird ganz ausgeblendet, die Körperwahrnehmung verändert sich, das bildhafte Denken wird aktiviert.

> Trancezustände sind alltäglich. Wenn sie bewusst herbeigeführt werden, spricht man von Hypnose.

Bedingt durch die sensationsartige Darstellung der Hypnose durch sog. Show-Hypnotiseure im TV, sind viele Menschen zunächst enttäuscht, wenn sie erstmalig mit seriösen Formen der Hypnose in Kontakt kommen: Hypnose fühlt sich so normal an, dass mancher zunächst nicht daran glauben mag, dass er soeben in Trance war.

Jeder kann sich selbst hypnotisieren

Da die Hypnose auf tägliche Bewusstseinszustände zurückgreift, benötigen Sie nicht unbedingt die Hilfe eines anderen Menschen, um von den Vorzügen dieser bewährten Methode zu profitieren. Der Hypnotiseur wird heute als eine Person gesehen, die lediglich den Rahmen für eine Trance vorgibt und Hilfestellung leistet, diese zu erreichen. Die eigentliche „Arbeit" leistet der Klient jedoch selbst.

Auch Rede- und Prüfungsängste sind hypnotische Zustände

Man kann auch Zustände starken Lampenfiebers als Trancezustände ansehen: Wir sind fokussiert auf das Problem und sehen keine Lösungen mehr. Wir haben eine Art Tunnelblick entwickelt und starren auf die Situation wie das Kaninchen auf die Schlange. Alles andere ist ausgeblendet. Hier spricht man dann von einer „Problemtrance". Ähnlich verhält es sich bei öffentlichen Auftritten und Prüfungen: Wenn Sie nur noch die Gefahren der Situation vor Ihrem inneren Auge haben, sehen Sie möglicherweise nicht mehr die Chancen der Situation und die Kräfte, auf die Sie zurückgreifen können. Höchste Zeit für ein Selbstcoaching.

Was passiert in Hypnose?

Im normalen Wachzustand, wenn wir unserer täglichen Arbeit nachgehen und Probleme lösen, ist bei den meisten Rechtshändern vor allem die linke Gehirnhälfte aktiv. Dort ist unser logisch-analytisches Denken zu Hause. Wir denken in klaren Begriffen, können linear vorgehen und Dinge kritisch hinterfragen. Die rechte Gehirnhälfte dagegen greift auf unsere Erfahrungen zurück, erfasst ganze Situationen und versteht komplexe Zusammenhänge. Wir denken ganzheitlich, intuitiv und nutzen dazu Bilder, Klänge und Töne.

Im Trancezustand sind die beiden Gehirnhälften besser synchronisiert; sie arbeiten besser zusammen. Dabei tritt die Aktivität der linken Gehirnhälfte eher zurück und die der rechten stärker in den Vordergrund.

Nachweisen lässt sich auch der Zusammenhang zwischen verschiedenen Hirnfrequenzen und Trancezuständen. Unterschiedliche Trancetiefen entsprechen bestimmten Frequenzen, die per EEG – einer Methode zur Messung der elektrischen Aktivität des Gehirns – ermittelt wurden.

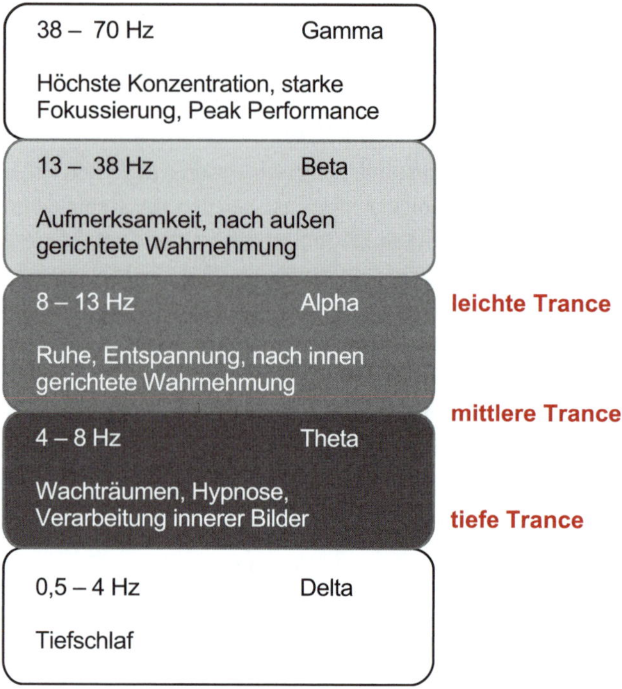

Zusammenhang von Hirnfrequenzen und Trancetiefe

Im Alpha-Zustand (siehe die Abbildung) sind wir entspannt und können gut Informationen aufnehmen. Für die erfolgreiche Arbeit mit Hypnose reichen leichte Trancezustände völlig aus. Mit etwas Übung werden Sie auch in tiefere Trancen gelangen.

Manche Veränderungen sind erst in Trance möglich

In Selbsthypnose können wir uns bestimmte Fähigkeiten, Gefühle und Reaktionsweisen antrainieren, auf die wir im „Wachzustand" keinen oder nur geringen Zugriff haben. In unserem Unterbewusstsein gibt es ein großes Reservoir an Wissen und Fähigkeiten. Zwischen unserem Wachbewusstsein und diesem großen Reservoir an Fähigkeiten steht aber eine andere Instanz, die „kritischer Faktor" genannt wird. Dort sind alle unsere Selbstzweifel angelegt, unsere Glaubenssätze über die Welt und über uns selbst. Letztlich will dieser kritische Faktor uns schützen. Er ist auch nie vollständig ausgeschaltet, aber wir können ihn beruhigen, damit er zumindest bestimmte Erinnerungen und Ressourcen freigibt, mit denen wir dann mental arbeiten können. In der Auffassung vieler Hypnotiseure bedeutet Hypnose, diesen „kritischen Faktor" zu umgehen, um an innere Ressourcen heranzukommen, die uns sonst nur in wenigen kreativen Momenten zur Verfügung stehen. Insbesondere scheinen wir im Trancezustand empfänglicher für die sog. Suggestionen zu sein.

Der Kern der Hypnose: Suggestionen

Ohne Suggestionen wäre die Hypnose lediglich eine effektive Entspannungsmethode. Erst durch die Suggestion wird sie zu einer zielgerichteten Veränderungstechnik.

Suggestionen sind einfache und kurze Leitsätze, die einen klaren Fokus haben und zu einer Art inneren Programmierung führen können. Wir sind täglich einer Vielzahl solcher Suggestionen aus unserer Umwelt ausgesetzt, ohne dass sich alle verwirklichen. Das liegt daran, dass wir solche Sätze nur aufnehmen, wenn sie mit unserem Weltbild, unseren Werten und unserem Willen übereinstimmen. In Trance nehmen wir Suggestionen leichter an, da wir im Zustand der Entspannung nicht so streng über uns und unsere Umwelt urteilen. Selbst die normale Logik wird durchlässiger, so dass wir uns, selbst wenn wir unser ganzes Leben lang schreckliches Lampenfieber hatten, in Trance entspannt auf einer Bühne vorstellen können. Dennoch bleibt die Kontrolle aller Sätze durch unsere Werte und unseren Willen auch in Trance erhalten!

Zwei Arten von Suggestionen

Hypnotische Suggestionen sind einfache Sätze, die beschreiben, wie wir uns fühlen oder wie wir uns in der Zielsituation verhalten werden. Experten unterscheiden zwei verschiedene Arten dieser Sätze: einfache Suggestionen und posthypnotische Suggestionen.

Einfache Selbst-Suggestionen für eine Prüfungssituation könnten lauten:

- Ich bin konzentriert und entspannt.
- Ich bin zuversichtlich und konzentriert.
- Das Lernen fällt mir leicht.

Damit uns die entsprechenden Verhaltensweisen später zur Verfügung stehen, werden sie häufig als posthypnotische Suggestionen formuliert. Dazu verbinden Sie den Satz einfach mit einem Auslöser aus der zukünftigen Situation:

- In dem Moment, in dem ich auf meinem Stuhl Platz nehme, bin ich konzentriert und entspannt.
- Sobald ich mich an den Schreibtisch setze, weiß ich, dass mir das Lernen leicht fällt.

Unser Gehirn strebt danach, innere Vorstellungen, wenn wir sie als attraktiv und passend empfinden, zu verwirklichen. Das gilt insbesondere für Vorstellungen, die wir bildhaft empfinden.

> Suggestionen funktionieren besonders gut, wenn Sie sich die suggerierten Ergebnisse als Bild oder als kurzen inneren Film vorstellen.

Über die Möglichkeit, uns selbst posthypnotische Suggestionen zu geben, wird anschließend die Hypnose wirksam.

Ihre Selbsthypnose

Selbsthypnose zu praktizieren bedeutet, mit sich selbst einen inneren Vertrag zu schließen, dass Sie die Sorgen des Alltags für einen Moment zurückstellen (nicht vergessen oder verdrängen!). In dem damit gewonnenen Moment der Ruhe und Sicherheit gelingt es, in einen inneren Zustand einzutauchen, in dem Sie recht schnell auf alle inneren Helfer – das sind Gefühle, innere Zustände und Fähigkeiten – zurückgreifen können, die Ihnen unbewusst immer zur Verfügung stehen. Alle kritischen Einwände des Alltagsverstandes werden in einem solchen Zustand zurückgestellt.

Schritt für Schritt: Ablauf einer Hypnose	
1	Festlegen von Zielen und Suggestionen: ermöglicht zielgerichtetes Arbeiten
2	Induktion (Einleitung): Entspannung und Fokussierung
3	Vertiefung: Tiefere Entspannung, Loslassen von Gedanken und Sorgen, Verstärkung der Fokussierung
4	Veränderungsarbeit: z.B. Mentales Training, Prozessbilder, Zielbilder, Posthypnotische Suggestionen
5	Rückkehr in den Wachzustand: Rückorientierung, Rückkehr-Suggestionen (es soll zunehmend leichter werden, bei Bedarf in Trance zu gehen)
6	Für optimale Wirkung mehrfach wiederholen (Suggestion muss meistens 5 Mal gehört werden, bis sie wirkt)

Legen Sie Ihre Ziele fest

Beginnen Sie immer damit, Ihr Ziel für die Sitzung schriftlich zu fixieren, sonst wird die Selbsthypnose hauptsächlich Ihrer Entspannung dienen. Das muss zwar nicht schlecht sein, verändert aber nichts Grundsätzliches. Nehmen Sie sich für den Anfang nicht mehr als drei Ziele vor. Welche Sorgen und Ängste haben Sie in Bezug auf Ihre Leistungssituation?

- Welche Verhaltensweisen sollen verändert werden? Welche Gefühle sollen verändert werden?

- Welches Verhalten möchten Sie stattdessen? Wie wollen Sie sich fühlen?

Entwickeln Sie drei Suggestionen pro Ziel

Entwickeln Sie nun zu jedem dieser Ziele drei Suggestionen. Warum? Weil es sein kann, dass Ihr Unterbewusstsein unterschwellig Probleme mit einer Formulierung hat und diese dann ablehnt. Sie würden so keine Wirkung erzielen. Die Suggestionen sind einfache, leicht verständliche Sätze, die etwas Positives über Ihren Zielzustand aussagen. Ihre Suggestion sollte den gewünschten Zustand möglichst konkret und spezifisch beschreiben.

Nicht: „Ich will mich besser fühlen.", sondern: „Ich fühle mich sicher und entspannt."

Benutzen Sie nach Möglichkeit auch keine negativen Formulierungen und Verneinungen. Da das Unterbewusstsein weitgehend in Bildern denkt, muss es sich sonst zunächst den unerwünschten Zustand vorstellen und diesen dann geistig durchstreichen. Der Effekt: Sie fokussieren auf das Negative und verankern das!

Nicht: „Ich will keine Angst mehr haben", sondern: „Ich bin sicher und zuversichtlich."

Von der Suggestion zur posthypnotischen Suggestion

Wenn Sie Ihre Suggestion jetzt noch mit einem Auslöser verbinden, der das gewünschte Ergebnis initiiert, wird daraus eine posthypnotische Suggestion, also eine Anweisung, die nach Ihrer Selbsthypnose Wirkung zeigt.

- „Sobald ich von meinem Platz aufstehe und nach vorne gehe, fühle ich mich sicher und zuversichtlich."
- „In dem Moment, wo ich am Pult angekommen bin, fühle ich mich sicher und zuversichtlich."

Beispiel

Nehmen wir an, Sie müssen in vier Wochen eine Prüfung absolvieren. Sie haben Angst, dass Sie Ihr Pensum nicht schaffen werden, denn Sie können sich schlecht konzentrieren. Außerdem haben Sie die Sorge, dass Sie vielleicht dort sitzen und kein Wort herausbekommen, denn mit einem der Prüfer verstehen Sie sich nicht besonders gut.

Folgende Ziele könnten sich daraus ergeben: Sie gehen hochkonzentriert und zielstrebig in die nächsten vier Wochen (Ziel 1). Sie möchten sich für den Lernvorgang besser motivieren (Ziel 2). Sie möchten gelassener und mit Erfolgszuversicht lernen (Ziel 3). Am Tag der Prüfung möchten Sie konzentriert und gelassen sein (Ziel 4). Ihren schwierigen Prüfer respektieren Sie, lassen sich von ihm aber nicht irritieren (Ziel 5). Sie möchten Ihre Prüfung natürlich mit Bravour bestehen (Ziel 6). Sechs Ziele sind sehr viel für eine einzige Hypnose. Suchen Sie sich am besten nur drei davon aus. Nehmen wir an, Sie entscheiden sich für die Ziele 1 bis 3.

Für Ziel 1 könnte eine Suggestion lauten: „Ich gehe hochkonzentriert und zielstrebig in die nächsten vier Wochen", oder „In den nächsten vier Wochen bin ich hochkonzentriert und zielstrebig". Formulieren Sie dann noch zwei weitere Sätze, die das gleiche aussagen, aber anders formuliert sind, also z. B.: „In den nächsten Tagen und Wochen bin ich fokussiert und klar", und „Ich verfolge mein Ziel und kann mich dabei gut konzentrieren".

Nun verbinden Sie Ihre Suggestion noch mit einem Auslöser, der die gewünschte Eigenschaft, das gewünschte Gefühl oder die gewünschte Handlung initiiert: „Sobald ich meine Unterlagen zur Hand nehme, bin ich hochkonzentriert", oder: „In dem Moment, in dem ich mich an den Schreibtisch setze, bin ich konzentriert und klar", oder: „Wenn ich das Büro betrete und meine Unterlagen sehe, bin ich sofort konzentriert". So wird Ihre Suggestion zu einer posthypnotischen Suggestion, die anschließend wirksam wird. Das wird allerdings nicht bereits nach dem ersten Versuch der Fall sein.

Nach der ersten Selbsthypnose werden sich manche Dinge möglicherweise schon unmerklich verändern, aber um echte und dauerhafte Veränderungen zu erzielen, sollten Sie sich diese Suggestionen in mindestens fünf verschiedenen Sitzungen geben.

Mögliche Suggestionen bei Lampenfieber

Problem	Ziel	Suggestion
Zittern von Beinen, Armen, Händen	Ruhig sein	▪ Ich bin ruhig. ▪ Meine Beine sind ruhig und stabil. ▪ Ich bin entspannt und konzentriert.
Blackout	▪ Vertrauen in die eigenen Fähigkeiten haben ▪ Entspannt und konzentriert sein	▪ Ich finde immer einen Weg. ▪ Ich kann mit Überraschungen gut umgehen. ▪ Ich bin entspannt und konzentriert.

Problem	Ziel	Suggestion
Stimme versagt oder ist zu leise	▪ Kräftige Stimme ▪ Gut hörbar sein	▪ Ich spreche mit kräftiger Stimme. ▪ Ich spreche laut und deutlich.

Sie werden feststellen, dass Ihnen manche dieser Sätze gefallen, während andere Ihnen fremd vorkommen. Diejenigen, die sich stimmig anfühlen, können Sie bei Bedarf für sich nutzen.

Ablauf der Selbsthypnose

Suchen Sie sich einen Ort, an dem Sie für die Zeit Ihrer Übung ungestört sind. Für den Anfang empfehlen sich 20 bis 30 Minuten. Sobald Sie ein paar Erfahrungen gemacht haben, wie sich Selbsthypnose anfühlt, werden Sie Ihre Sitzungen auf 8 bis 15 Minuten verkürzen können. Setzen Sie sich so hin, dass Sie möglichst bequem und entspannt sitzen können und Ihre Atmung nicht eingeschränkt wird. Im Liegen funktionieren die Übungen auch, Sie schlafen dann aber schneller ein. Sie können die Übung mit offenen oder mit geschlossenen Augen durchführen.

Schritt 1: Induktion

- Atmen Sie durch die Nase ein und zählen Sie dabei innerlich 1–2–3.
- Halten Sie den Atem kurz an und zählen Sie dabei ebenfalls 1–2–3. Atmen Sie dann durch den Mund aus und zählen Sie dabei innerlich 1–2–3–4–5–6.

- Machen Sie eine kurze Pause und zählen Sie dabei innerlich 1–2–3.
- Verstärken Sie die entspannende Wirkung der Ausatmung noch dadurch, dass Sie bei jedem Ausatmen innerlich mit entspannter Tonalität „Loslassen", „Entspann dich" oder, auf neudeutsch, „Relax" denken.
- Wiederholen Sie diese ersten Schritte ca. 1 bis 2 Minuten.

Schritt 2: Vertiefung

- Wenn Sie das Gefühl haben, dass Sie innerlich schon ruhiger geworden sind, also ungefähr nach 1 oder 2 Minuten, nehmen Sie einen langsamen Atemzug durch die Nase, halten den Atem kurz an und zählen dabei bis 10.
- Anschließend atmen Sie ca. 10 Sekunden durch den Mund aus. Stellen Sie sich dabei vor, dass Sie eine Welle der Entspannung durch Ihren Körper schicken: vom Kopf bis hinunter zu den Füßen. Spüren Sie dabei, wie sich alle Muskeln des Körpers entspannen.
- Wiederholen Sie diesen Vorgang noch einmal.
- Atmen Sie ca. 3 Sekunden durch die Nase ein. Stellen Sie sich vor, Sie würden Ruhe und Entspannung einatmen. Können Sie sich Entspannung als Farbe vorstellen? Tun Sie es und stellen Sie sich vor, wie die Farbe der Entspannung Ihren Körper erfüllt und langsam Stress und Anspannung verdrängt.

- Atmen Sie dann ca. 3 Sekunden durch die Nase aus, und stellen Sie sich dabei vor, dass alle unerwünschten Gefühle und Gedanken Körper und Geist verlassen. Stress, Unruhe und andere Gefühle können Sie sich wieder als Farbe vorstellen, die Sie mit jeder Ausatmung abatmen. Und langsam füllen sich Körper und Geist mit der Farbe von Ruhe und Entspannung.
- Die letzten beiden Schritte können Sie beliebig oft wiederholen.
- Nun zählen Sie in Gedanken 1–2–3–4–5 und stellen sich vor, dass Sie mit jeder weiteren Zahl tiefer in die Entspannung eintauchen. Am Anfang ist es hilfreich, wenn Sie die Zahlen mit Entspannungssuggestionen wie den folgenden verbinden.

Beispiel

Und alle Gedanken, die jetzt noch kommen, ziehen dahin, wie Wolken am Himmel.

Mit jedem Atemzug kann ich mich mehr und mehr entspannen. Mit der nächsten Zahl wird meine Entspannung doppelt so tief wie bisher.

Schritt 3: Veränderungsarbeit

Jetzt können Sie dazu übergehen, sich die ersten Suggestionen zu geben. Da unser Unterbewusstsein vor allem in Bildern arbeitet, erzielen Sie eine höhere Wirksamkeit mit Ihren Suggestionen, wenn diese bildhaft formuliert sind. Beginnen Sie damit, dass Sie sich die Situation vorstellen, wie sie sein sollte.

Beispiel

Sie fühlen sich ruhig und entspannt. Konzentriert und gelassen gehen Sie in den Veranstaltungsraum. Sie gehen langsam zu Ihrem Platz und nicken einigen Menschen freundlich zu. Sie wissen, warum Sie dort sind. Sie wissen, dass diese Veranstaltung Ihnen hilft, Ihre wichtigsten Ziele zu erreichen. Auf dem Weg nach vorne sind Sie konzentriert. In dem Moment, in dem Sie Ihren Namen hören, freuen Sie sich, weil Sie gleich sprechen dürfen.

Sie hören sich selber sprechen und stellen fest, dass Sie ruhig und klar reden. Sie reden in einem angemessenen Tempo und machen zwischendurch Pausen, damit das Publikum Ihnen folgen kann. Ihr Atem geht ruhig und gleichmäßig. Das Publikum hört Ihnen freundlich und interessiert zu. Am Ende hören Sie den Applaus. Sie bedanken sich und gehen wieder an Ihren Platz.

Im Beispiel sind die Suggestionen in Bilder übersetzt worden. Sie haben drei Möglichkeiten, sich die Suggestionen zu geben:

1. Sprachlich: Dazu lesen Sie sich die Liste mit den Sätzen mehrfach vor der Selbsthypnose durch und sagen sich die Sätze in Trance innerlich vor.
2. Bildhaft: Dazu übersetzen Sie Ihre Suggestionen wie im Beispiel oben in detaillierte Bilder.
3. Als Filmsequenz: Sie drehen innerlich einen kurzen vertonten Film, in dem Sie die Situation so erleben, wie sie sein soll, wenn alle Suggestionen erfüllt sind.

Idealerweise beginnen Sie immer damit, sich die Situation bildhaft vorzustellen, bevor Sie sich die Suggestionen geben. In der Praxis werden Sie wahrscheinlich sehr schnell mit einer Mischform aus gedachten Sätzen und inneren Bildern arbeiten. Achten Sie darauf, wie sich der Auftritt nun innerlich anfühlt. Arbeiten Sie so lange, bis Sie mit dem Ergebnis zufrieden sind.

Schritt 4: Rückkehr in den „Wachzustand"

Nach ungefähr drei Probedurchläufen kehren Sie langsam wieder zurück in den normalen Bewusstseinszustand. Dafür zählen Sie rückwärts von 5 bis 1 und stellen sich vor, dass Sie mit jeder Zahl wacher und wacher werden.

Am Ende suggerieren Sie sich: „Jedes Mal, wenn ich in diesen Zustand der Entspannung zurückkehren möchte, gelingt mir das schneller und schneller." Kurz vor Schluss sagen Sie sich: „Wenn ich gleich die Augen öffne, bin ich vollkommen entspannt und fühle mich frisch und erholt." Wenn Ihnen dieser Satz nicht behagt, ersetzen Sie ihn durch einen, der Ähnliches beinhaltet, Ihnen aber besser gefällt.

Schritt 5: Wiederholung

Damit sich die gewünschte Wirkung einstellt, ist es wichtig, dass Sie die Selbsthypnose mehrfach wiederholen. Meistens sind mindestens fünf Wiederholungen für eine nachhaltige Veränderung nötig.

Komplikationen?

Wenn Sie zwischendurch gestört und dadurch aus Ihrer Trance gerissen werden, ist das nicht schlimm. Es kann lediglich sein, dass Sie sich dann für kurze Zeit etwas benommen fühlen. Ähnlich ist es, wenn Sie vergessen, die Trance bewusst auszuleiten. Ab und zu kann es vorkommen, dass Sie über der Selbsthypnose einschlafen. Auch das ist nicht weiter schlimm – Ihr Körper verschafft sich damit die Erholung, die er braucht, und findet das momentan wichtiger als Lampenfieber. Wenn Ihnen das häufiger passiert, ist es vielleicht besser, zu einer anderen Tageszeit zu üben.

Klopfakupressur

Diese leicht zu erlernende Methode gehört mittlerweile zu den wichtigsten Techniken im Umgang mit jeder Form von Stress und negativen Emotionen. Alle unangenehmen Gefühle sind durch die Klopfakupressur beeinflussbar. Sie können die Methode sowohl langfristig anwenden, als auch kurz vor dem großen Tag. Verschiedene Studien bescheinigen den entsprechenden Techniken der Klopfakupressur einen sehr hohen Wirkungsgrad. Dieser liegt je nach Problem bei 70 bis 80 %.

Klopfakupressur kann angewendet werden bei allen körperlichen Stress-Symptomen, allen emotionalen Beeinträchtigungen (Angst, Panik, Ärger, Wut, Ohnmacht), Schlaflosigkeit vor Prüfung und Auftritt, negativen Glaubenssätzen, Katastrophenphantasien, Erinnerungen an Misserfolge, die Sie noch belasten.

> Damit Sie den Stress erfolgreich in den Griff bekommen können, sollten Sie sich unbedingt an dem folgenden Ablauf orientieren. Insbesondere die Konzentration auf das Problem und die Formulierung des Problemsatzes sind entscheidend für den Rückgang der unangenehmen Gefühle.

Ausrichten auf das Problem

Beginnen Sie immer damit, sich innerlich auszurichten: An welchem Thema, an welcher Situation wollen Sie arbeiten? Wollen Sie die Erinnerung an eine frühere Prüfungssituation oder an einen missglückten Auftritt entmachten? Konzentrieren Sie sich für die kommenden Minuten bitte nur auf diese eine Situation. Was genau haben Sie da erlebt? Und was war der stressigste Moment? Vielleicht haben Sie auch mehrere Situationen erlebt, die Ihnen heute noch zu schaffen machen. Das ist durchaus häufiger der Fall. Wenn diese Situationen später während der eigentlichen Arbeit auftauchen, ist das kein Problem. Für den Beginn sollten Sie sich aber nur auf eine Situation fokussieren. Dadurch steigt die Wahrscheinlichkeit, dass Sie Ihr Problem loswerden. Danach können Sie sich die nächste Situation vornehmen, bis sich alle Erinnerungen in Bezug auf Ihr Thema neutral anfühlen.

Geht es hauptsächlich um Ihre Sorgen vor einem Termin in der Zukunft? Dann stellen Sie sich diesen Termin jetzt vor. Was genau macht Ihnen Sorgen? Was stellen Sie sich besonders schlimm vor? Welcher Faktor macht Ihnen die meiste Angst?

Welche Gefühle löst die betreffende Situation in Ihnen aus? Angst oder Panik? Wollen Sie weglaufen? Fühlen Sie sich hilflos? Ist Ihnen schlecht? Ist Ihnen mulmig?

Woher wissen wir eigentlich, dass wir Angst vor etwas haben? In der Regel deshalb, weil unser Körper bei dem Gedanken an eine bestimmte Situation uns eine unangenehme Rückmeldung in Form eines unschönen Gefühls gibt. Das kann z. B. das bekannte „mulmige Gefühl im Magen" sein oder ein Druck auf der Brust. Dieses Gefühl bewerten wir dann als Lampenfieber oder Angst. Wo sitzt das Gefühl in Ihrem Körper? Am besten scannen Sie Ihren Körper in Gedanken vom Haaransatz bis hinab zu den Zehenspitzen einmal durch. Wo sitzt das Gefühl, das Ihnen anzeigt, dass die Situation, um die es gerade geht, Ihnen Stress macht? Im Oberkörper? Im Hals? Im Magen? In den Beinen? Es ist nicht schlimm, wenn Sie keine genaue Stelle im Körper festmachen können. Es ist aber für die meisten Menschen hilfreich, wenn sie beobachten können, wie die Intensität unangenehmer Gefühle nachlässt.

Skalieren Sie das Problem

Um später entscheiden zu können, ob Sie mit der Technik erfolgreich waren, ist es wichtig, dass Sie Ihren Stress skalieren. Ordnen Sie Ihren Stress auf der folgenden Skala ganz subjektiv ein. 0 bedeutet: Das macht mir jetzt überhaupt nichts, ich fühle mich neutral. 10 bedeutet: Das ist der ärgste Stress, die schlimmste Angst, die ich mir vorstellen kann.

Entscheidend ist, dass Sie den Stress skalieren, den Sie jetzt und hier in diesem Moment bei dem Gedanken an Ihr Problem empfinden. Es nützt nichts, wenn Sie an einer vergangenen Situation arbeiten, und Sie glauben, dass Sie damals einen Stress hatten, der bestimmt bei 10 war. Das kann sein, ist aber nicht wichtig, wenn Sie heute bei dem Gedanken an diese

Erinnerung gar keinen Stress mehr empfinden oder sogar über Ihr Missgeschick lächeln können. Ebenso wenig hilfreich ist es, wenn Sie sich jetzt denken, dass Ihre Angst in zwei Wochen, wenn die Prüfung stattfindet, mindestens bei einer 8 sein wird. Erstens können Sie das heute noch nicht wissen, und zweitens ist entscheidend, dass Sie keine Angst loswerden können, die nur virtuell (weil ausgedacht) vorhanden ist. Wenn Sie aber hier und jetzt an diese Prüfung denken, in Ihren Körper hinein fühlen und feststellen, dass der Stress jetzt gerade bei 5 ist, dann können Sie damit arbeiten. Wenn Sie erfolgreich waren, wird der Stress am Tag X deutlich reduziert sein.

So fokussieren Sie sich auf das Problem

Die besten und schnellsten Erfolge werden Sie mit der Klopfakupressur erzielen, wenn Sie sich auf den (tatsächlichen oder nur eingebildeten) schlimmsten Moment von Prüfung oder Auftritt konzentrieren. Es gibt drei grundlegende Möglichkeiten, den Problemfokus während der Bearbeitung auszurichten:

- Sie suchen sich einen kurzen Begriff, der gut zu Ihrem Problem passt, z.B. „Mein Lampenfieber“, „Meine Angst“. Diesen Begriff wiederholen Sie während des folgenden Klopfens ab und zu, um sich leichter auf das Problem konzentrieren zu können. Es reicht, wenn Sie den Begriff bei jedem fünften Punkt wiederholen.
- Sie drehen im Kopf einen kleinen Film, der die Problemsituation gut wiedergibt: Falls Sie eine belastende Prüfungs-

oder Auftrittserfahrung entschärfen wollen, stellen Sie sich einfach die gesamte Situation von dem Moment an vor, als Sie das Haus oder Hotel verlassen haben, bis zu dem Moment, als die Situation wieder hinter Ihnen lag. Falls Ihre Bewährungsprobe in der Zukunft liegt oder Sie von Katastrophenphantasien verfolgt werden („Bestimmt falle ich auf dem Weg nach vorne hin und alle lachen über mich."), gehen Sie genauso vor, nur dass der Film lediglich Ihre Phantasie wiedergibt.

- Falls Ihnen das Visualisieren schwerfällt oder wenn Sie nur kurz ein akutes Stressempfinden entschärfen wollen, reicht es auch, wenn Sie sich auf das negative Körpergefühl konzentrieren. Fokussieren Sie sich auf die Stelle im Körper, die Ihnen anzeigt, dass Sie momentan nicht so entspannt sind, wie Sie es sein möchten. Meistens sitzen diese Gefühle auf der Körper-Mittelachse in Bauch, Brust oder Hals. Beobachten Sie dann während des Klopfens, wie sich das Gefühl verändert.

Sich selbst annehmen

Sehr oft haben erwachsene Menschen nicht nur ein Problem wie Lampenfieber, sondern sie haben zu allem Überfluss auch noch ein Problem damit, dass sie so ein Problem haben. Mancher lehnt sich deshalb selbst ab.

Beispiel

„Da ist man 40 Jahre alt geworden und hat immer noch Angst davor, vor einer kleinen Gruppe eine Präsentation zu halten! Das auch noch zu einem Thema, das man eigentlich beherrscht."

Um dem zu begegnen, massieren Sie mit zwei oder drei Fingern Ihrer rechten Hand den sog. Wunden Punkt auf der linken Körperseite. Er befindet sich zwischen der zweiten und dritten Rippe von oben (siehe auch die folgende Abbildung) und ist etwa so groß wie eineinhalb Zwei-Euro-Stücke. Massieren Sie die Stelle, als würden Sie dort Öl einreiben. Dabei sprechen Sie drei Mal die Affirmation: „Ich akzeptiere mich voll und ganz, mit allen meinen Problemen und Unzulänglichkeiten."

Anschließend bauen Sie Ihr Problem mit in den Satz ein. Massieren Sie wieder den Wunden Punkt und sprechen Sie die Affirmation drei Mal. Bleiben Sie dabei so konkret wie möglich und drücken Sie es so aus, wie Sie innerlich empfinden: „Auch wenn mir bei dem Gedanken an die Prüfung nächste Woche übel wird, akzeptiere ich mich voll und ganz".

Die Klopftechnik

Stellen Sie Zeige- und Mittelfinger senkrecht oder leicht gekrümmt auf und beklopfen Sie die in der Grafik abgebildeten Punkte. Das Klopfen sollte gut spürbar sein, aber auf keinen Fall schmerzen. Die Reihenfolge der Punkte ist nicht wichtig.

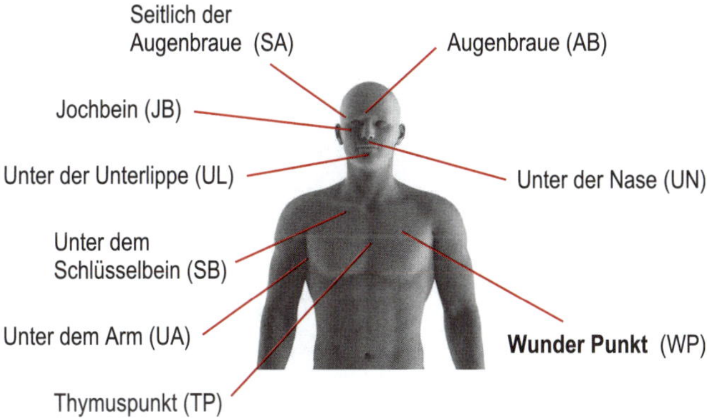

Relevante Punkte für die Klopfakupressur

Bewährt hat sich eine Frequenz von 3 × 8 Wiederholungen pro Punkt. Um eine Wirkung zu spüren, muss jeder Punkt zumindest 5 Mal hintereinander pro Durchgang beklopft werden. Beginnen Sie am höchsten Punkt des Körpers (AB – Augenbrauenpunkt) und arbeiten Sie sich dann bis zum tiefsten Punkt (UA – Unter dem Arm) vor. Wenn es schnell gehen soll, beklopfen Sie nur die gerade genannten Punkte. In vielen, weniger gravierenden Fällen, reichen 5 bis 6 Durchgänge dieser Kurzform schon aus, um Stress zu minimieren.

Auf einen Blick: Die besten Selbsthilfetechniken

- Wer nervös ist und unter Stress steht, atmet oft nicht richtig, was zu noch mehr Stress für den Körper führt. Atemtechniken bieten schnelle Hilfe in Akutsituationen und unterstützen langfristig dabei, das richtige Atmen wieder zu erlernen.
- Nur wer an sich glaubt, kann sich auch schwierigen Situationen souverän stellen. Wer stärkende Ressourcen aufbaut, kann bei Stress bewusst darauf zurückgreifen.
- Unser Kopfkino zeigt, wenn der Auftritt vor Publikum ansteht, kreative Katastrophenphantasien. Mit einer einfachen Technik können Sie diese Filme stoppen.
- Mit Mentalem Training lassen sich Prüfungs- und Auftrittssituationen vorab durchspielen. Sie verlieren dadurch ihren Schrecken.
- In Hypnose können wir auf unser Unterbewusstes zugreifen und dort Einstellungen ändern, die im normalen Zustand blockiert sind, so z. B. unsere Einstellung zu Auftritten und Prüfungen.
- Die Klopfakupressur ist eine effektive Methode, um negative Gefühle positiv zu beeinflussen.

Strategien gegen Lampenfieber

Der große Auftritt, das Bewerbungsgespräch beim Wunscharbeitgeber, schriftlicher Test oder mündliche Prüfung – für viele ist der bloße Gedanke daran schon purer Stress. Dabei lassen sich viele dieser Situationen mit einfachen Strategien entschärfen.

In diesem Kapitel erfahren Sie,

- was Sie vor und während eines Auftrittes tun können, um Ihren Stress zu minimieren,
- wie Sie sich innerlich optimal auf eine Prüfung einstellen,
- wie Sie sich auf Bewerberinterviews vorbereiten können, um einen souveränen Eindruck zu hinterlassen.

Vorträge, Präsentationen & Co.: großer Auftritt – wenig Stress

Wie können Sie schon vor dem Auftritt dafür sorgen, dass der Stresspegel möglichst niedrig bleibt? Wie können Sie Ihr Verhalten vor und während des Vortrags optimieren? Die Ziele hierbei sind immer, dass Sie sich besser fühlen und einen souveränen Eindruck hinterlassen.

So vermeiden und reduzieren Sie Stress

Die Rahmenbedingungen rund um Auftritte jeder Art – ob Vortrag, Rede oder Präsentation – sind ein wichtiger Faktor bei der Entstehung von Lampenfieber. Unkenntnis in Bezug auf das Publikum und falsche Vorbereitungsstrategien erhöhen den inneren Druck. Übernehmen Sie daher nur Vorträge, wenn die folgenden Bedingungen erfüllt sind.

Sagen Sie nur zu, wenn die Zeit reicht

Übernehmen Sie nach Möglichkeit keine Präsentation und keinen Vortrag, wenn Sie schon vorab erkennen können, dass es zeitlich knapp werden wird. Profis rechnen für jede Minute Vortrag ungefähr eine Stunde Vorbereitungszeit ein. Wie groß ist Ihr Recherchebedarf? Welche Ressourcen können Sie nutzen? Können Sie Aufgaben delegieren? Dazu gehört z.B. das Erstellen von Präsentationsfolien und Grafiken oder auch das Recherchieren. Versuchen Sie insbesondere solche Aufgaben zu delegieren, die nicht zu Ihrem Alltagsgeschäft gehören.

Sagen Sie nur zu, wenn Sie sich auskennen

Referieren Sie nach Möglichkeit nur über Dinge, von denen Sie etwas verstehen. Anderenfalls kommt es wiederum auf den Faktor Zeit an. Lohnt sich der Zeitaufwand, den Sie betreiben müssen, um sich in das Vortragsthema einzuarbeiten? Wenn Sie im Thema selbst unsicher sind, wird Ihr System mit Stress reagieren, weil irgendeine Instanz in Ihnen weiß, dass es kritisch wird, sobald aus dem Publikum eine Frage kommt. Das Wissen um die eigene Kompetenz lässt sich durch keine Psychotechnik ersetzen, wenn Ihnen Publikum und Ergebnis wichtig sind. Unser Unterbewusstsein lässt sich nicht hinters Licht führen.

Analysieren Sie Ihr Publikum

Ungewissheit führt schnell zu Katastrophenphantasien oder zu unrealistischen Annahmen über das Publikum und seine Reaktionen. Versuchen Sie deshalb schon im Vorfeld, möglichst viel über Ihr Publikum und dessen Interessen herauszufinden. Das Ergebnis sollte kein minutiös ausgearbeitetes Personendossier sein, denn je mehr Detailinformationen Sie vorliegen haben, umso schwieriger wird es, das Ganze einschätzen zu können. Mindestens die folgenden Fragen sollten Sie jedoch beantworten können.

Checkliste: Vorbereitung auf das Publikum

- Wie viele Menschen werden erwartet?
- Wie alt wird das Publikum durchschnittlich sein?
- Welches Vorwissen bringt es mit?
- Aus welcher Motivation heraus sind diese Leute gekommen?
- Wie steht das Publikum zu Ihnen, Ihrer Organisation und Ihrem Thema?
- Was möchte das Publikum voraussichtlich wissen?
- Was möchte das Publikum nicht wissen bzw. nicht hören? Gibt es Tabus?

Manche dieser Informationen lassen sich aus dem Alter und der Berufs- oder Organisationszugehörigkeit des Publikums erschließen. Kaum jemand, der Sie eingeladen hat, wird Ihnen diese Informationen auf Nachfrage vorenthalten.

Fangen Sie frühzeitig an

Gehören Sie auch zu denjenigen, die alles bis zum letztmöglichen Zeitpunkt aufschieben, um dann in einem einzigartigen Gewaltakt eine möglichst brillante Leistung abzuliefern? Kein Wunder, dass Sie Stress vor Ihren Auftritten haben, denn die Frage, ob Sie rechtzeitig fertig werden, raubt Ihnen vermutlich eine Menge Energie. Dazu kommen die berechtigten Zweifel, ob Sie alle wesentlichen Punkte berücksichtigt haben. Wenn Sie von sich wissen, dass Sie zur „Aufschieberitis" neigen, sollten Sie so vorgehen:

- Schätzen Sie bereits, wenn Sie einen Vortrag übernehmen, möglichst realistisch die Zeitmenge, die Sie brauchen werden, ab.
- Anschließend legen Sie den Zeitpunkt fest, zu dem Sie mit der Arbeit anfangen werden. Tragen Sie ihn in Ihren Kalender ein und erzählen Sie Partner und Freunden davon.

Bleiben Sie realistisch

Niemand kann alles über ein Thema wissen, vermutlich auch Sie nicht. Ihr Publikum weiß das. Wenn Sie von sich selbst inhaltliche Perfektion verlangen, brauchen Sie ungleich mehr Zeit für die Vorbereitung als erforderlich. Sie werden sich damit stark unter Druck setzen. Ihren Zuhörern bringt Sie das nicht näher.

> Es gibt zwei Dinge, die ein Publikum wirklich hasst: Menschen, die alles wissen, und Menschen, die alles sagen.

Je mehr Sie versuchen, perfekt und unangreifbar zu erscheinen, umso mehr wird ein ansonsten wohlmeinendes Publikum nach Fehlern suchen.

Hören Sie beizeiten auf!

Arbeiten Sie nicht bis kurz vor dem Auftritt an Ihrer Präsentation. Wenn Sie am Tag des Vortrages noch morgens um 3 Uhr über Ihren Folien brüten, freut sich zwar vielleicht Ihr innerer Perfektionist, Ihr Publikum jedoch werden Sie damit wahrscheinlich nicht begeistern. Lassen Sie lieber zwei Folien weg und gönnen Sie sich dafür zwei Stunden mehr Schlaf.

Ihre Performance wird dann garantiert besser sein, und die Wahrscheinlichkeit, dass Sie einen Blackout erleben, sinkt.

Üben Sie Ihren Vortrag

Wenn Sie sich unsicher fühlen, verhilft Ihnen eine Vortragsprobe nicht nur zu inhaltlicher Sicherheit, sondern verschafft Ihnen auch einen guten Eindruck über die benötigte Zeit. Insbesondere bei größeren Veranstaltungen mit mehreren Rednern gilt ein Überschreiten der Zeitvorgabe als grobes Foul. Die Vorteile des Übens verkehren sich jedoch ins Gegenteil, wenn Sie Ihren Vortrag auswendig lernen. Das blockiert viel Gehirnkapazität, klingt im Ergebnis meistens schaurig und erhöht die Gefahr eines Blackout!

Sicherheitsgewinn durch Manuskript

Meistens ist es eine gute Idee, wenn Sie frühzeitig ein komplettes Manuskript zu Ihrem Vortrag erstellen. Manche Redner haben ein solches Skript zur Beruhigung bei sich, auch wenn sie es nicht nutzen. Wenn es nicht auf genaue Zahlen und den Wortlaut ankommt, fahren die meisten Vortragenden mit einem Stichwortmanuskript am besten. Wenn Sie wissen, dass jedes Ihrer Worte auf die Goldwaage gelegt wird, werden Sie auf die wörtliche Ausarbeitung der Rede nicht verzichten wollen. Der Umgang mit einem solchen Text ist nicht schwierig, sollte aber sorgfältig geübt werden: Sprechtempo, Betonung, Pausen und Blickkontakt zum Publikum entscheiden hier über Ihre souveräne Außenwirkung.

Ihr Verhalten am Tag X

Der große Tag ist da: Sie sind gut vorbereitet, haben für ausreichend Schlaf gesorgt, keinen oder nur mäßig Alkohol am Vorabend zu sich genommen und sich mit Kaffee zurückgehalten. Nun befinden Sie sich am Ort des Geschehens. Wenn Sie sich an den menschlichen Grundbedürfnissen nach Bindung und Kontrolle orientieren, können Sie sich durch Ihr Verhalten ein zusätzliches Sicherheitspolster schaffen.

Frühzeitig im Raum sein

Bemühen Sie sich, möglichst frühzeitig im Veranstaltungsraum zu sein. Vielleicht können Sie den Raum auch schon vor Beginn der Veranstaltung in Augenschein nehmen. So haben Sie die Möglichkeit, sich an die Umgebung zu gewöhnen und zu orientieren. Das gibt Ihnen eher ein Gefühl, dort heimisch und sicher zu sein. Auch Vortragsprofis fühlen sich nicht in jeder Umgebung auf Anhieb wohl: Vielleicht ist der Raum erschreckend klein und eng oder es handelt sich um einen großen Saal mit sehr hohen Decken. Finden Sie sich in solchen Fällen mit dem Unvermeidlichen ab und fokussieren Sie sich auf Ihre Botschaft bzw. Ihre Leistung.

Kontakt zu anderen aufnehmen

Wenn es jemanden im Raum gibt, der mindestens so sehr Ihren Erfolg wünscht wie Sie selbst, dann ist es der Veranstalter, falls ein solcher existiert. Suchen Sie möglichst frühzeitig Kontakt zu der Person, die Sie eingeladen hat. Das verschafft beiden Seiten ein Mehr an Sicherheit. Sollte Ihre Performance hinter den Erwartungen zurückbleiben und das Publikum enttäuscht sein, so fällt das auf ihn oder sie zurück.

Referenten, die pünktlich sind, wirken professionell und nehmen dem Veranstalter die Sorge vor Verspätungen und Verzögerungen im Ablauf der Veranstaltung. Außerdem erhalten Sie so die letzten Informationen über Änderungen im Programmablauf oder über sonstige wichtige Ereignisse, die einen Einfluss auf die Veranstaltung haben könnten. All dies dient Ihrer Sicherheit. Wenn Sie die Hauptperson der Veranstaltung sind, ist es meistens eine gute Idee, frühzeitig im Raum zu sein und Ihre Zuhörer persönlich zu begrüßen. In der Regel können Sie davon ausgehen, dass Menschen, die nicht in Begleitung zu Ihrer Veranstaltung kommen, sich eher unsicher fühlen. Daran ändert auch das besonders markige oder forsche Auftreten einzelner Teilnehmer nichts. Oft versteckt sich dahinter Unsicherheit. Die meisten Menschen reagieren überaus dankbar, wenn Sie Ihnen das Gefühl vermitteln, willkommen zu sein. Wenn Sie nicht die Hauptperson der Veranstaltung sind, bemühen Sie sich einfach, mit Zuhörern und Mitreferenten ins Gespräch zu kommen. Das vermittelt Ihnen (und den anderen) von Anfang an das Gefühl dazuzugehören.

So tun als ob

So tun als ob – diese Verhaltensstrategie geht zurück auf den amerikanischen Pragmatisten und Begründer der angelsächsischen Psychologie William James. Von vielen als schlechtes Schauspiel belächelt, gibt es heute eine Menge an Belegen dafür, dass diese Methode in der Praxis gut funktioniert. Verantwortlich dafür ist eine Art Rückkoppelungseffekt: Wenn

Sie sich entspannt geben, wird Ihr Publikum darauf reagieren, als seien Sie entspannt. Dadurch wiederum bekommen Sie unterschwellig die Rückmeldung, dass alles okay ist und Sie sich entspannen können. Das funktioniert dann, wenn Sie nicht übertreiben, und auf auffällige demonstrative Weise meinen, Entspanntheit demonstrieren zu müssen. Entspannte Menschen sind nicht auffällig und bringen andere eher unterschwellig dazu, sich ebenfalls zu entspannen. Besonders „cooles" oder markiges Auftreten jedoch wird in der Regel als Inszenierung entlarvt.

Sprechen Sie langsam

Unter Druck neigen wir dazu, deutlich schneller zu sprechen als im unaufgeregten Zustand. Bei Aufregung nimmt die Wortfrequenz zu. Unsere inneren Antreiber sorgen dafür, dass wir einerseits das Publikum nicht warten lassen wollen, andererseits möchten wir schnell fertig sein. Bei Reden und Vorträgen liegt das optimale Tempo bei etwa 100 bis 120 Worten pro Minute. Das liegt daran, dass die Menschen in Ihrem Publikum alle ein unterschiedlich hohes Verarbeitungstempo für Sprache haben. Bei 100 bis 120 Worten sollten alle folgen können. Unterschwellig strahlen Sie so auch Kompetenz und Gelassenheit aus.

Übung: Wie schnell sind Sie?

Bereiten Sie eine DIN-A-4-Seite mit Text vor und zählen Sie die Wörter mit der entsprechenden Funktion des Textverarbeitungsprogramms. Ermitteln Sie anhand einer Stoppuhr, wie viele Worte Sie in einer Minute durchschnittlich lesen.

Legen Sie Pausen ein

Aufgeregte Redner sprechen meistens zu schnell. Sie nutzen die wenigen kurzen Pausen, die sie machen, oft nur, um kurz nach Luft zu schnappen. Das Gefühl der Kurzatmigkeit begleitet nach kurzer Zeit nicht nur den Vortragenden, sondern überträgt sich oft auch auf das Publikum. Längere Pausen lassen nicht nur dem Publikum Zeit, das Gehörte zu verarbeiten, sondern lassen das Gesagte obendrein auch noch wichtiger erscheinen.

> Pausen führen dazu, dass Sie kompetenter und souveräner wirken.

Blickkontakt wirkt sicher und macht sicher

Auch wenn es Ihnen am Anfang schwerfällt und alles andere als intuitiv ist: Schauen Sie Ihr Publikum an. Es ist nichts dagegen einzuwenden, wenn Sie sich am Anfang an den freundlichsten Gesichtern orientieren. Sobald Sie etwas Sicherheit gewonnen haben, sollten Sie aber auch Kontakt zu denen aufnehmen, deren Mimik Sie noch nicht lesen können oder die eher abweisend wirken. Mancher im Publikum wartet nur darauf, von Ihnen wahrgenommen zu werden, denn da vorne sind Sie die Hauptperson. In dem Moment, in dem diese Leute Aufmerksamkeit oder sogar ein (ehrliches) Lächeln von Ihnen bekommen, entspannen sie sich häufig und lächeln zurück. Mancher, der Ihnen grimmig entgegenschaut, meint nicht Sie, sondern fühlt sich aus anderen Gründen unwohl, die mit dem Raum, der Gruppe oder anderen Umständen außerhalb des Veranstaltungsortes zu tun haben.

Wenn Sie grundsätzlich nur die freundlichen Menschen im Publikum anschauen, gewöhnen Sie sich eine Art Schonhaltung an, die Ihnen unterschwellig suggeriert, dass Sie nur mit wohlmeinenden Menschen klarkommen. Die Angst vor Ablehnung durch das Publikum bleibt dann bestehen.

Keine Angst, die wollen nur spielen ...

Je mehr Menschen vor Ihnen sitzen, umso größer ist die Wahrscheinlichkeit, dass der eine oder andere Reaktionen zeigt, die Sie verunsichern könnten. Nicht alle im Raum sind ausgeschlafen, nicht alle sind interessiert an Ihrem Thema, nicht alle fühlen sich gerade wohl, und in einer großen Gruppe nutzt man gerne die Anonymität und kontrolliert sein Verhalten weniger als in einer kleinen Gruppe. In den wenigsten Fällen werden Sie alle Menschen im Raum überzeugen oder sogar begeistern können. Nicht alle werden Sie mögen; Sie selbst mögen vermutlich auch nicht jeden. Viele Referenten übersehen bei 100 Teilnehmern die 99 positiven Rückmeldungen und ärgern sich über eine kritische Stimme tagelang. Wenn die eine Stimme Ihrem Chef gehört, dürfen Sie sich aufregen. Aber nur dann.

Ihr Mindset für den Tag

Wenn Sie einen Vortrag in der Öffentlichkeit halten, ist Ihr Publikum in aller Regel wohlmeinend. Man geht nicht zu einer Vortragsveranstaltung, um den Referenten scheitern zu sehen. Die meisten Menschen im Raum sind froh, dass sie nicht selber da vorne stehen müssen und fiebern mit dem Redner mit. Sagen Sie sich:

- Sie sind gut vorbereitet und lassen sich nicht auf Machtspiele ein.
- Sie stehen da vorne, weil Sie den Menschen im Publikum etwas mitzugeben haben.
- Sie stehen dort, weil Sie etwas von der Sache verstehen, und sich besser auskennen als andere oder die Sache besser vermitteln können.

Seien Sie mittelmäßig

Einer der besten Tipps für gute Auftritte stammt von dem englischen Regisseur und Mitbegründer des Improvisationstheaters Keith Johnston. Johnston wurde nicht müde, seinen Trainingsteilnehmern das Auftritts-Paradoxon einzubläuen: Seid mittelmäßig! Wie bitte? Mittelmäßig ist ja genau das, was Sie nicht sein wollen, nicht wahr? Doch in dem Moment, in dem Sie antreten, um angestrengt die beste Performance Ihres Lebens abzuliefern, ist die Gefahr groß, dass Sie verkrampfen. Erst wenn wir erkennen, dass es im Zweifelsfall besser ist loszulassen und uns den Realitäten anzupassen, sind wir in der Lage, wahrhaft brillante Leistungen abzuliefern.

Prüfungen meistern

Untersuchungen verschiedener Universitäten haben ergeben, dass etwa 20 % aller Prüflinge schon Wochen vor der Prüfung unter Angst und Stress leiden. Diese Zahl steigt bis auf ca. 40 % kurz vor den Prüfungen an. Viele Menschen haben so große Angst vor negativen Bewertungen durch andere, dass sie grundsätzlich auf Prüfungen verzichten. Woran liegt das?

Die Prüfung als Stressor

Bei der Prüfung ist es offensichtlicher als bei anderen stressbelasteten Situationen: das Ziel der Übung ist die Bewertung. Das Ergebnis ist oft wichtig für den weiteren Bildungs- oder sogar Lebensweg. Entscheidende Prüfungen dürfen meistens nicht beliebig oft wiederholt werden. Ein schlechtes oder sogar ungenügendes Ergebnis kostet meistens Zeit und oft auch Geld. Immer aber kostet eine misslungene Prüfung auch Selbstachtung und Selbstbewusstsein. Schließlich sind Sie nicht die einzige Person, die davon erfährt, wenn Sie durchgefallen sind. Was sollen die Freunde denken, die Eltern, der Partner oder die Kollegen? Alleine die Möglichkeit des Scheiterns macht vielen Menschen so viel Stress, dass sie kaum anfangen können zu lernen.

Prüfungen sind Chancen

Auf der anderen Seite stellen bestandene Prüfungen auch Stationen des eigenen Lebens dar, auf die Betroffene häufig ein Leben lang stolz sind. Zu Recht: Eine Prüfung zu bestehen erfordert vom Kandidaten meistens ein hohes Maß an Zielstrebigkeit, Disziplin und oft genug auch Fleiß und Intelligenz – alles Werte, die in unserer Kultur hoch angesehen werden. Jede anstehende Prüfung bietet eine Chance, sich in einem Fachgebiet Expertenwissen anzueignen und die eigene Leistungsfähigkeit unter Beweis zu stellen. Grund genug, um sich gut vorzubereiten. Um eine Prüfung angstfrei zu bewältigen, benötigen Sie die in den folgenden Abschnitten beschriebenen Dinge.

Motivation versetzt Berge

Vermutlich klingt es zunächst seltsam, aber bevor Sie mit Ihren Vorbereitungen anfangen, brauchen Sie mindestens einen guten Grund, um überhaupt anfangen zu können. Es geht um Ihre Motivation.

Was haben Sie davon, wenn Sie diese Prüfung bestehen?

Arbeiten Sie diese Prüfung einfach ab, weil Sie einen Lebens- oder Berufsabschnitt abschließen wollen oder müssen? Auch das kann eine gute Motivation sein. Fängt danach ein neues Leben oder womöglich der Ernst des Lebens an? Gibt es ein größeres Ziel hinter der Prüfung, auf das Sie hinarbeiten? Ist das Ziel tatsächlich Ihr eigenes Ziel, oder haben Sie diesen Weg eingeschlagen, um jemand anderem einen Gefallen zu tun, z.B. den eigenen Eltern? Tatsächlich beginnen viele junge Menschen mit einer Berufsausbildung oder einem Studium, weil die Eltern das wünschen oder sogar vorgegeben haben. Je mehr sich der Mensch dann im Laufe seiner Ausbildung von den Eltern emanzipiert, um so schwieriger kann es mit der Lernmotivation werden.

Freuen Sie sich auf das, was hinter der Prüfung liegt?

Haben Sie schon eine Idee, was nach der Prüfung kommt? Viele Studienfächer bereiten die Absolventen mehr oder weniger klar auf einen späteren Beruf vor. Auch wenn Ihnen noch wichtige Fähigkeiten und praktische Erfahrungen fehlen: Wenn jemand Jura oder Betriebswirtschaftslehre studiert, ist der weitere Berufsweg meistens schon weitgehend vorgegeben, in vielen Naturwissenschaften ist es ähnlich. Bei Geistes- und Sozialwissenschaftlern sieht das häufig anders aus: Hier gibt es kein klar vorgegebenes Berufsbild, so dass der Einzelne sich möglichst früh entscheiden muss, in welche Richtung er später gehen will. Haben Sie diese Richtung für sich gefunden? Freuen Sie sich darauf?

Interessieren Sie sich für die Themen der Prüfung?

Haben Sie ein Hobby? Vermutlich wissen Sie viele Dinge aus diesem Bereich, über die Laien nur staunen können. Haben Sie dafür schwer büffeln müssen? Wahrscheinlich haben Sie sich Ihr Wissen ganz nebenbei angeeignet, weil Sie sich dafür interessiert haben. Etwas, für das wir uns interessieren, lässt sich leichter erlernen! Und noch eine gute Nachricht: In dem Moment, wo Sie sich in Ihrem Thema gut auskennen, wird es immer interessanter. Das gilt häufig auch für anfänglich sehr trocken scheinende Themen.

> Oft ist es sehr hilfreich, diese Fragen nach Zielen und Motiven schriftlich für sich selbst zu beantworten. Probieren Sie es aus!

Stufe für Stufe zum Lernfortschritt

Während des Lernens treten immer wieder Phasen ein, in denen man das Gefühl hat, nicht mehr weiterzukommen. Eventuell blockiert das Gehirn dann jeden weiteren Input. Spätestens hier beginnt für viele Prüflinge die Panik. Dabei handelt es sich dabei um einen normalen und sogar notwendigen Vorgang: Während des Lernens gibt es immer wieder sog. Plateau-Phasen, in denen das Gehirn das Gelernte verarbeiten muss. Das ist ein biochemischer Vorgang, bei dem sich neue Zellen und Synapsen bilden. Das Gehirn schafft neue Verbindungen und benötigt dafür etwas Zeit und Energie. Während dieser Phasen schützt sich das Gehirn vor weiterem Lernstoff durch eine Zugriffssperre, die meistens nach ein bis zwei Stunden wieder nachlässt. Die Plateau-Phase ist also ein gutes Zeichen: Ihr Gehirn lernt gerade dazu und verarbeitet den Stoff. Anschließend befinden Sie sich auf einer neuen Stufe des Wissens und Verstehens. Aus dem Wissen um den stufenförmigen Lernfortschritt ergeben sich noch zwei wichtige Erkenntnisse:

- Fangen Sie frühzeitig mit dem Lernen an und planen Sie von vornherein Pausen ein.
- Unterteilen Sie den Stoff in kleine Einheiten, um Überblick und Motivation zu erhalten.

> Wenn Sie das Gefühl haben, es geht gerade nicht mehr weiter, und Ihr Gehirn blockiert jede weitere Informationsaufnahme: Machen Sie eine Pause, gehen Sie spazieren, machen Sie etwas anderes. Spätestens wenn Sie eine Nacht geschlafen haben, geht es wieder weiter.

Unterteilen Sie den Stoff in sinnvolle Einheiten

Wenn Sie vor einer großen Menge Lernstoff stehen, und versuchen, diesen irgendwie in den Kopf zu bekommen, ist die Gefahr groß, dass Sie schnell das Gefühl entwickeln, nie weiterzukommen. Die meisten Menschen überschätzen, was sie an einem Tag schaffen können, während sie unterschätzen, was sie in einem Monat oder sogar in einem halben Jahr schaffen können.

Leitfaden: Vorbereitung eines Prüfungsthemas

1. Verschaffen Sie sich möglichst frühzeitig einen Überblick über Ihr Thema und grenzen Sie es nach Absprache mit Ihrem Prüfer so weit ein wie möglich.
2. Gliedern Sie das Thema in sinnvolle Untereinheiten. Welche Teilgebiete gehören dazu? Wie viele Seiten müssen Sie jeweils dafür lesen?
3. Vermutlich wird es Ihnen helfen, wenn Sie Ihr Thema grafisch mit den dazugehörigen Unterthemen aufmalen. Legen Sie z. B. eine Mindmap dazu an. So behalten Sie auch intuitiv die Kontrolle über Ihre Fortschritte.
4. Legen Sie Meilensteine fest: Bis wann wollen Sie welche Teile gelernt haben?
5. Schreiben Sie eine Liste mit den wichtigsten Lerninhalten, die Sie jeweils abhaken können. Das zeigt Ihnen, dass Sie weiter kommen.

6 Legen Sie vorab fest, wie viele Stunden Sie am Tag lernen wollen und können. Bleiben Sie realistisch: 8 Stunden sind garantiert zu viel. Die meisten Menschen können nicht mehr als 4 Stunden am Tag konzentriert lernen.

7 Zwingen Sie sich zu regelmäßigen Pausen: Lernen Sie nicht länger als 45 Minuten am Stück; machen Sie dann 5 bis 10 Minuten Pause.

Nutzen Sie beide Gehirnhälften

Den meisten Menschen fällt es schwer, Lerninhalte einfach auswendig zu lernen. Wenn Sie nur lernen, um eine Prüfung zu bestehen, ist die Motivation zudem meistens recht gering. Die Inhalte selbst bekommen dadurch nur geringe Relevanz. Das Ergebnis ist oft eine innere Blockade. Zum anderen ist es schwierig, den Transfer zwischen dem Lernstoff und einer eventuellen praktischen Verwertung des Gelernten zu schaffen.

> Je besser Sie den Lernstoff verstanden haben und je mehr Sinneskanäle Sie zum Lernen nutzen können, um so besser bleiben die Inhalte haften.

Die meisten Menschen lernen bevorzugt über Bilder: Versuchen Sie möglichst viele Lerninhalte bildhaft darzustellen. Legen Sie Mindmaps zu Ihrem Thema an (siehe hierzu den TaschenGuide „Mind Mapping"). Um Beziehungen zwischen einzelnen Aspekten deutlich zu machen, eignen sich Diagramme und Strukturbilder. Wenn Sie diese selbst erstellen, nutzen Sie neben dem visuellen Verarbeitungskanal auch noch den körperlich-/gefühlsorientierten.

Sie können Ihr Gehirn auch durch Bewegung, z. B. durch Spazierengehen beim Lernen unterstützen. Wenn Sie Arme und Beine bewegen, setzen Sie auch beide Gehirnhälften in Aktion.

Überraschungen minimieren

Viele Ängste, die Kandidaten in Bezug auf ihren großen Tag haben, basieren auf der Unkenntnis des Prüfungsablaufs und der Prüfer. Je mehr Sie vorab über den Ablauf und die Rahmenbedingungen der Prüfung wissen, umso geringer werden Ihre Sorgen sein.

Lernen Sie Ihren Prüfer kennen

Suchen Sie möglichst frühzeitig den Kontakt zu Ihrem Prüfer. Der direkte Kontakt verhilft Ihnen zu einem realistischeren Bild der Person und kann dadurch vielen Sorgen vorbeugen. Vermutlich werden Sie auch Menschen befragen, die bei dem betreffenden Dozenten bereits eine Prüfung abgelegt haben: „Wie ist er oder sie? Ist er fair? Hilft sie einem weiter? Wie hat der Prüfer sich insgesamt verhalten?" Seien Sie skeptisch: Selbst wenn ein Prüfer sich irgendwann einmal gegenüber einem Prüfling besonders streng oder arrogant verhalten hat, heißt das noch lange nicht, dass Sie Ähnliches erleben werden.

Informieren Sie sich über den Ablauf der Prüfung

Nutzen Sie möglichst viele Informationsquellen, um ein klares Bild über den Ablauf der Prüfung zu bekommen: Wo findet die Prüfung statt? Wie lange dauert die Prüfung? Wie läuft die

Prüfung ab? Wie viele Menschen werden anwesend sein? Haben Sie es nur mit den Prüfern zu tun? Gibt es Zuschauer?

Neben den offiziellen Stellen, die Ihnen bereitwillig Auskunft geben werden, befragen Sie am besten andere Kandidaten, die den Vorgang schon kennen. Auch hier gilt: Wahren Sie immer eine kritische Distanz zu den Berichten. Manche Menschen neigen dazu, Erlebtes übermäßig zu dramatisieren, andere lieben es, sich in einer Art Heldenrolle zu präsentieren. Wieder andere haben einfach nicht genug gelernt und sehen sich möglicherweise nun als Opfer eines ungerechten Prüfers.

Kleine Psychologie des Prüfers

Positiv	Negativ
Ihr Prüfer …	**Die meisten Prüfer hassen es …**
weiß, dass Sie aufgeregt sind.	wenn Kandidaten faul waren und sich durchmogeln wollen.
weiß es zu schätzen, wenn Sie vorbereitet sind.	wenn Kandidaten das Opfer spielen (Gründe vorbringen, warum andere oder die Umstände schuld waren, dass sie sich nicht gut vorbereiten konnten).
reagiert positiv, wenn er das Gefühl hat, dass Sie sich aus Interesse mit einem Thema auseinandergesetzt haben.	wenn Prüflinge erst großspurig daherkommen und sich dann als Schaumschläger entpuppen.

Kurz gesagt: Prüfer sind ganz normale Menschen, die auch wie ebensolche reagieren.

Ihr Verhalten am Tag X

Sorgen Sie nach Möglichkeit für ausreichend Schlaf vor der Prüfung. Wenn Sie sehr aufgeregt sind, treiben Sie am Vortag Sport, um Stresshormone abzubauen, und beenden Sie den Tag mit einer Entspannungsübung. Hören Sie am Vorabend auf zu lernen. Ihr Gehirn braucht Zeit, um den Stoff zu verarbeiten. Sie können, wenn Sie bis kurz vor dem Termin lernen, ohnehin nur noch einen kleinen Teil der Materie bearbeiten und jede Unsicherheit wird Ihre Nervosität steigern. Planen Sie Ihre Zeit so ein, dass Sie pünktlich am Ort des Geschehens sind. Setzen Sie sich aber nicht schon 30 Minuten vorher vor den Prüfungsraum, 10 bis 15 Minuten reichen völlig aus.

Überzeugend im Bewerberinterview

Während im Bereich der Aus- und Fortbildung lediglich das fachliche Können einer Person auf dem Prüfstand steht, geht es in einer Bewerbungssituation um den ganzen Menschen. Der potenzielle Arbeitgeber ist in aller Regel nicht nur an Ihrem Wissen und Können interessiert, sondern möchte auch einschätzen können, ob Sie zur Organisation passen und ob Sie unter psychologischen Gesichtspunkten geeignet für die Aufgabe sind.

Wie Personaler denken

Je wichtiger die zu besetzende Stelle im Unternehmen ist und je geringer die Menge möglicher Kandidaten, um so mehr Zeit und Geld kostet es, geeignete Bewerber zu finden. Ärgerlich für alle Beteiligten, wenn sich nach wenigen Wochen herausstellt, dass man sich für den Falschen entschieden hat.

Unternehmen suchen nach Kandidaten, die	Unternehmen suchen nicht nach Kandidaten, die
fachlich und persönlich geeignet sind	Qualifikationen vorgeben, die sie tatsächlich nicht haben
in die Unternehmenskultur passen	charakterliche Mängel aufweisen
Entwicklungspotenzial haben	kein Interesse haben, sich zu entwickeln
längerfristig bleiben wollen	irgendeinen Job suchen

Je höher die Position in der Hierarchie eines Unternehmens angesiedelt ist, umso wichtiger sind meistens die sog. Soft Skills. Das sind Eigenschaften, die uns in die Lage versetzen, mit anderen Menschen und deren Verhaltensweisen gut umzugehen.

Es hängt auch von der Unternehmenskultur ab, welche Eigenschaften von Bewerbern verlangt werden und wie Verhaltensstile gedeutet werden: Was im einen Unternehmen als übermäßig konfrontativ und kompetitiv gebrandmarkt wird, kann in einem anderen als sportlich und zielstrebig empfunden werden.

Ihre Vorbereitung

Das Unternehmen, das sich für Sie interessiert, hat Sie nicht eingeladen, weil man Almosen verteilen will. Man wird Ihnen keinen Job geben, weil Sie gerade dringend einen benötigen oder weil Sie es verdient haben. Die Verantwortlichen sind vielmehr auf der Suche nach einem kompetenten Menschen, der eine freie Position optimal ausfüllen kann. Kein Grund also, sich als Bittsteller zu sehen. Vielmehr geht es um einen Tausch: Sie setzen Ihre Lebenszeit, Ihr fachliches Know-how und Ihre Motivation für das Unternehmen ein und bekommen dafür Geld und eine Identität als Teil der Organisation.

Sehen Sie sich auf Augenhöhe

Haben Sie etwas Spannendes für das Unternehmen im Angebot oder sind Sie selbst davon überzeugt, den Anforderungen der Stelle nicht gewachsen zu sein? Machen Sie sich klar, was Sie dem Unternehmen alles bieten können. Verschaffen Sie sich auch frühzeitig Klarheit darüber, was Sie von einem Unternehmen erwarten, für das Sie gerne arbeiten würden. Häufig kann man aus dem Ablauf von Vorstellungsgesprächen folgern, welche Kultur im Unternehmen herrscht und wie man dort mit den Mitarbeitern umgeht.

Täuschen Sie nichts vor

Jede Lüge und Täuschung im Bewerbungsverfahren macht Sie angreifbar. Wenn Sie schon im Lebenslauf gemogelt haben, ist es nicht verwunderlich, wenn Sie im Bewerbungsgespräch vor Nervosität schwitzen. Wenn es Ihnen gelingen sollte, Fähigkeiten und Qualifikationen vorzutäuschen, die Sie nicht haben, werden Sie möglicherweise einen Job bekommen, dem Sie nicht gewachsen sind. Diese Unsicherheit wird Sie begleiten, und möglicherweise werden Sie sich bald nach einer neuen Tätigkeit umsehen müssen. Viele Interviewer werden es Ihnen eher als Stärke auslegen, wenn Sie sich zu Ihren Grenzen bekennen. Sie müssen sich deshalb nicht unter Wert verkaufen und dürfen gerne Ihre Bereitschaft bekunden, dazulernen zu wollen. Wenn Sie anderen nichts vorspielen müssen, wird Sie das nach innen und außen stärken.

Typische Fragen im Bewerbungsverfahren

Viele Bewerber machen sich Sorgen, dass ihnen auf eine Frage im Interview nicht die „richtige" Antwort einfallen könnte. Abgesehen davon, dass es keine eindeutig richtigen, wohl aber unüberlegte und falsche Antworten gibt, macht es sicher Sinn, wenn Sie wissen, welche Arten von Fragen Sie erwarten können.

Es gibt dicke Bücher mit Fragenkatalogen und Gesprächsstrategien zum Thema Bewerbung. Ebenso werden Sie entsprechende Listen im Internet finden. Letztlich gibt es jedoch nur wenige Kategorien, aus denen diese Fragen stammen.

Typische Fragekategorien im Bewerbungsverfahren	
Fragekategorie	**Welche Absicht dahinter steckt**
▪ Erzählen Sie uns etwas über sich. ▪ Beschreiben Sie kurz Ihren Werdegang.	▪ Sind Sie in der Lage, Informationen zu strukturieren? ▪ Zeigen sich Widersprüche zum Lebenslauf?
▪ Warum haben Sie sich bei uns beworben? ▪ Aus welchem Grund wollen Sie Ihren derzeitigen Arbeitgeber verlassen?	▪ Welche Richtung hat Ihre Motivation: von etwas Negativem weg oder zu etwas Positivem hin? ▪ Haben Sie Probleme am alten Arbeitsplatz? Warum? ▪ Wie reden Sie über Ihren Arbeitgeber, Chefs und Kollegen?
Was wissen Sie über unser Unternehmen?	▪ Haben Sie Ihre Hausaufgaben gemacht? ▪ Sind Sie motiviert, hier zu arbeiten und zu bleiben?
Was möchten Sie in fünf (oder zehn) Jahren erreicht haben?	▪ Wie ehrgeizig sind Sie? ▪ Wo möchten Sie sich hin entwickeln? ▪ Kann man Ihnen genug bieten?

Typische Fragekategorien im Bewerbungsverfahren	
Fragekategorie	**Welche Absicht dahinter steckt**
Warum denken Sie, die richtige Besetzung für diese Stelle zu sein?	Haben Sie sich mit dem Jobprofil und der Firma auseinandergesetzt?
Was sind Ihre persönlichen Stärken und Schwächen?	▪ Kennen Sie sich selbst? ▪ Können Sie differenziert über sich urteilen und sprechen?
Was stört Sie am meisten an anderen Menschen und wie gehen Sie damit um?	▪ Sind Sie verträglich? ▪ Wie gehen Sie mit Konflikten um?
Wie sind Ihre Gehaltsvorstellungen?	▪ Sind Sie selbstbewusst? ▪ Sind Sie realistisch? ▪ Welche Rolle spielt Geld?
Was machen Sie in Ihrer Freizeit?	▪ Diese Frage dient oft dazu, den Bewerber „aufzuschließen". ▪ Rückschlüsse auf Charakter (Teamplayer, Einzelkämpfer, Sozialverhalten)

Typische Fragekategorien im Bewerbungsverfahren	
Fragekategorie	**Welche Absicht dahinter steckt**
Was war die größte Herausforderung, die Sie in der letzten Zeit zu bewältigen hatten? Wie sind Sie damit umgegangen?	Hier wird meistens nach Beispielen gefragt, um sich ein umfassendes Bild machen zu können über ▪ das Verhalten bei Problemen und unter Druck ▪ den Charakter ▪ das Problembewusstsein ▪ die Problembeschreibung
Haben Sie noch Fragen an uns?	▪ Gleiches Recht für alle. ▪ Haben Sie Ihre Hausaufgaben gemacht? Niemals auf diese Chance verzichten!

Moderne Interviewer fragen oft nicht mehr direkt, sondern man bittet Sie, die Frage aus der Perspektive einer dritten Person zu beantworten.

Beispiel

„Was würden uns Ihre ehemaligen Kollegen über Ihre Stärken erzählen?"

„Was würde Ihr früherer Chef uns antworten, wenn wir ihn nach Ihren Schwächen fragten?"

Arbeiten Sie mit einem vertrauten Menschen ruhig mehrfach verschiedene Interviewfragen in einem Rollenspiel durch, aber lernen Sie auf keinen Fall „richtige" Antworten aus Bewerbungsratgebern auswendig.

Bleiben Sie realistisch und zuversichtlich

Trotz Ihrer fachlichen Qualifikation und aller Vorbereitung kann es sein, dass Sie eine Stelle nicht bekommen. Sie können noch so davon überzeugt sein, dass Sie der richtige Mann/die richtige Frau für den Job sind – wenn Ihre Gesprächspartner die Sache anders beurteilen, werden Sie die Stelle nicht bekommen. Wenn Ihr potenzieller Chef Sie nicht mag, werden Sie leer ausgehen. Meistens werden Sie keinen Einblick in die Unternehmenspolitik haben und können nicht wissen, ob nicht schon eine Entscheidung für einen unternehmensinternen Kandidaten gefallen ist.

Suchen Sie nach einer „besten Alternative"

Ihr Stressniveau wird erheblich steigen, wenn Sie für sich keine Alternativen zum angestrebten Job sehen. Für erfahrene Verhandler ist die Suche nach einer Alternative zum angestrebten Verhandlungsabschluss einer der wichtigsten Punkte bei der Vorbereitung: Wenn Sie keine Alternative zum gewünschten Ergebnis sehen, kann man Ihnen die Bedingungen diktieren. Sie werden sich hilflos fühlen und haben keinerlei Verhandlungsmacht.

Fangen Sie nach Möglichkeit nicht bei der für Sie interessantesten Firma mit den Interviews an. So können Sie vorab in Situationen üben, die nicht ganz so viel Stress erzeugen. Zudem wird es Ihre Position stärken, wenn Sie wissen, dass Sie andernorts begehrt sind. Nicht selten entpuppen sich die weniger spannenden Alternativen auf den zweiten Blick als der eigentliche Hauptgewinn.

Ihr Verhalten am Tag X

Vermeiden Sie nach Möglichkeit alle zusätzlichen Stressoren:

- Stellen Sie bereits am Vorabend alle nötigen Unterlagen zusammen.
- Sorgen Sie bei der Anreise für einen ausreichenden Zeitpuffer, damit Sie stressfrei pünktlich sein können.
- Seien Sie vor Ort freundlich zu jedermann – gerade in kleineren Unternehmen werden oft auch die Empfangsdamen und Sekretärinnen befragt, welchen Eindruck ein Bewerber hinterlassen hat.
- Vermeiden Sie jede Lästerei über frühere Arbeitgeber, Chefs und Kunden.
- Nehmen Sie vor allen Dingen keine Opferhaltung im Interview ein, egal wie schlimm die Zustände an Ihrem momentanen Arbeitsplatz sind. Es wird Sie Ihrem Ziel keinen Zentimeter näher bringen – im Gegenteil.
- Beugen Sie dem Frust vor: Es kann sein, dass man Sie warten lässt. Es kann auch sein, dass einer oder mehrere Ansprechpartner nicht gut vorbereitet sind. Reagieren Sie darauf nach Möglichkeit gelassen, meistens hat das nichts mit Ihnen zu tun, sondern mit Überlastung oder Organisationsschwächen des Gesprächspartners.
- Selbst wenn Sie den Eindruck haben, dass es dem Unternehmen nicht ernst mit Ihnen ist: Man bietet Ihnen hier eine schöne Möglichkeit zu trainieren. Beim nächsten Gespräch werden Sie noch entspannter sein.

- Sehen Sie sich niemals als Bittsteller, sondern immer als Anbieter einer wertvollen Leistung.
- Wenn Sie für dieses Unternehmen nicht arbeiten, werden Sie für ein anderes tätig sein, das besser zu Ihnen passt!

Auf einen Blick: Strategien gegen Lampenfieber

- Eine vorausschauende und realistische Planung, eine sorgfältige Vorbereitung und eine nicht allzu perfektionistische Einstellung helfen dabei, das Lampenfieber bei Auftritten zu reduzieren.
- Prüfungen sind purer Stress. Sie können ihn jedoch auf ein erträgliches Maß reduzieren, wenn Sie gut vorbereitet in die Situation gehen. Das schließt nicht nur das Wissen um die Prüfungsinhalte, sondern auch Kenntnisse über die Prüfungsbedingungen und die Prüfer selbst ein.
- Auf dem Weg zum neuen Job liegt das Hindernis Bewerberinterview. Hier stellen wir uns mit Haut und Haaren der Bewertung durch Fremde. Das macht nervös. Sicherer meistern Sie die Interviews, wenn Sie authentisch bleiben und wissen, was Sie zu bieten haben.

Umgang mit Fehlern und Pannen

Niemand ist perfekt. Fehler und Pannen können immer passieren. Sie gänzlich zu vermeiden, ist unmöglich. Es ist jedoch möglich, richtig mit ihnen umzugehen.

In diesem Kapitel erfahren Sie,

- was Sie gegen den Blackout tun können,
- wie Sie Problemen mit der Technik begegnen,
- welche Strategien es bei Versprechern gibt.

So entkommen Sie dem Blackout

Unter allen Katastrophenphantasien in Bezug auf Leistungssituationen ist der Blackout sicherlich die häufigste. Die Vorstellung, in einer Prüfung zu sitzen und plötzlich keinen Zugriff mehr auf die gelernten Inhalte zu haben, gehört zum Selbststressungsrepertoire vieler Prüflinge. Auch viele Redner kennen die Angst vor dem Fadenriss, dem nichts mehr folgt außer fragenden Gesichtern im Publikum und einer quälend peinlichen Stille im Raum. Und dann? Prüfung nicht bestanden, Karriere am Ende? Wenn man der eigenen Katastrophenphantasie glaubt: Ja. Menschen, die eine solche Situation erlebt und dann abgebrochen haben, werden oft lange von peinlichen Erinnerungen gequält.

Wie ein Blackout entsteht

Ein Blackout entsteht oft dann, wenn das Stressniveau einfach zu hoch ist. Häufig verursacht die eigene Lebensführung zusätzliche Anspannung. Deshalb können Sie dem Fadenriss einerseits dadurch vorbeugen, dass Sie vor Ihrer großen Bewährungsprobe keinen zusätzlichen Stress erzeugen, indem Sie z. B. zu wenig schlafen oder Alkohol trinken. Andererseits geht es darum, den inneren Umgang mit dem Blackout zu entschärfen: Ist Ihr Leben wirklich zu Ende, wenn Sie den Faden verlieren? Sind Ihre Prüfer wirklich Unmenschen, die Ihre Prüflinge bei einem Blackout zappeln lassen und sie dann bis zum Ende der Prüfung nur noch schweigend und strafend anschauen? Ist Ihr Publikum tatsächlich so kritisch wie Ihr eigener innerer Kritiker? In der Regel sind das Horrorvorstellungen, die nicht der Realität entsprechen. Vielmehr erzeugen wir selbst einen großen Teil unserer inneren Anspannung selbst, die das Stressniveau so hoch werden lässt, dass eine Gedankenblockade wahrscheinlicher wird.

Fadenrisse und Gedankenblockaden sind normal

Auch Vortragsprofis verlieren auf der Bühne immer wieder einmal den Faden, doch meistens bekommt das Publikum nichts davon mit. Nicht ohne Grund gibt es im Theater die Institution des Souffleurs. Was also ist der Unterschied zwischen Ihnen und dem Profi? Es ist eine grundsätzliche Unaufgeregtheit im Umgang mit dem Thema. Der erfahrene Referent weiß, dass es zu einem kurzfristigen Fadenriss kommen kann. Er weiß aber auch, dass er den Faden sehr schnell wieder aufnehmen kann. Und ganz wichtig: Das Leben geht auch nach dem Blackout weiter, selbst wenn die Pause etwas länger wird. Denn das Publikum kennt weder den minutiösen Ablauf Ihrer Präsentation, noch weiß es, ob die entstehende Pause von Ihnen nicht dramaturgisch geplant war.

Schreckgespenst Perfektionismus

Wenn Sie sehr perfektionistisch veranlagt sind, neigen Sie vermutlich dazu, Fehler für unverzeihlich zu halten. Möglicherweise kommen Sie eher damit klar, wenn andere Menschen Fehler machen, aber für Sie selbst gilt die 150 %-Regel: Etwas nur gut zu machen, reicht eben nicht. Kein Wunder, wenn Sie an Ihrem großen Tag so aufgeregt sind, dass es Ihnen die Sprache verschlägt: Der innere Druck steigt bis auf ein Maß an, das die Blockade wahrscheinlicher werden lässt. Wenn dann noch eine Unsicherheit dazu kommt, ein Stocken und der eine oder andere Versprecher, ist die Blockade fast zwangsläufig die Folge. Hier können Sie von Sportlern lernen: Viele Sportarten werden im Kopf gewonnen und verloren. Beim Tennis z. B. gehören Fehler genauso dazu wie im Fußball. Wenn ein Fehler passiert ist, muss der Sportler oder die Mannschaft schnell darüber hinweg kommen. Hier hilft nur die permanente Re-Fokussierung auf das eigentliche Ziel. Hadern Sie nicht mit sich selbst oder dem Publikum, konzentrieren Sie sich auf Ihr Ziel!

Je mehr Gedanken Sie sich während einer Präsentation über Ihre Außenwirkung machen und versuchen, ein möglichst perfektes Bild abzuliefern, umso stärker sind Sie vom eigentlichen Ziel wegfokussiert. Umso größer ist dann die Gefahr, dass Sie unkonzentriert sind und Fehler machen.

> Die Gefahr, einen Blackout zu erleiden, steigt dadurch, dass Sie Angst davor haben, den Faden zu verlieren. Behalten Sie den Fokus auf Ihr Ziel. Wenn Sie einen Fehler gemacht haben, schieben Sie ihn gedanklich beiseite.

Die Gedankenblockade überwinden

Es reicht nicht zu wissen, dass es Methoden gibt, um die Gedankenblockade zu überwinden. Entscheiden Sie sich bereits direkt nach der Lektüre des folgenden Abschnitts für zwei Techniken und nehmen Sie sich fest vor, genau diese beiden bei nächster Gelegenheit einzusetzen. Sie können Ihre

Lieblingstechnik auch in den nächsten Vortrag einbauen und so die Anwendung trainieren.

Die einfachste Technik: Zeit gewinnen

In vielen Fällen hilft es schon, die Nerven zu bewahren und ein wenig Zeit zu gewinnen, wenn die Gedankenblockade naht. Idealerweise sollte diese „Technik" auf das Publikum plausibel wirken: Trinken Sie einen Schluck. Fragen Sie nach einem Getränk. Gehen Sie zielgerichtet im Raum umher, um etwas zu holen oder um einen wichtigen Punkt anzuschreiben. Öffnen Sie ein Fenster. Bitten Sie darum, dass ein Fenster geöffnet wird.

Wiederholen Sie etwas

Sie können ein Wort wiederholen, einen Satz oder einen kurzen Absatz. Auf die Zuhörer wirkt diese Methode plausibel und unauffällig, da sie häufig als rhetorische Figur vorkommt. Sie betonen dadurch scheinbar die Wichtigkeit des letzten Punktes. Suchen Sie jetzt nach Formulierungen für diese Technik.

Beispiel

„Meine Damen und Herren, ich wiederhole diesen letzten Punkt noch einmal: ..."

„Und ich möchte es noch einmal betonen: ..."

„Diesen letzten Punkt halte ich für so wichtig, dass ich ihn noch einmal betone: ..."

Diese rhetorische Technik eignet sich natürlich am ehesten für Auftrittsituationen und weniger gut für Prüfungen. Dabei sind zwei Wiederholungen des gleichen Punktes durchaus erlaubt, ohne dass Ihr Publikum gleich misstrauisch wird.

Eine Zusammenfassung liefern

Diese Methode ist eng mit der Wiederholungstechnik verwandt. Sie können alles bisher Gesagte zusammenfassen, den letzten Absatz oder auch nur den letzten Satz.

Beispiel

„Meine Damen und Herren, ich fasse noch einmal zusammen."
„Wir haben bisher drei Punkte diskutiert: 1. ..., 2. ..., 3. ..."

Auch diese Technik eignet sich gut für Präsentationen und Vorträge.

Den letzten Punkt näher ausführen

Die Methode der inhaltlichen Ausschmückung findet sich häufig in der sog. Stegreifrede, aber auch geschickte Prüflinge nutzen die Technik: Je weniger Fragen die Prüfer stellen können, um so geringer ist die Gefahr, eine Antwort nicht parat zu haben. Allerdings steigt das Risiko, wenn sie sich inhaltlich von der Ausgangsfrage zu weit entfernen. Entsprechend wichtig ist es, plausible Übergänge zu finden und anschließend wieder zum Thema zurückzukehren. Eine der besten Methoden dafür sind rhetorische Fragen:

- „Was heißt das nun für uns? ..."
- „Was bedeutet ... (*zentraler Begriff*)?"
- „Was bedeutet das nun für Sie? ..."

Noch geschickter sind indirekte Formulierungen, die den Nutzen Ihrer Ausführungen für das Publikum in den Fokus rücken:

- „Ich kann mir vorstellen, dass Sie sich jetzt fragen ..."
- „Vielleicht stellt sich jetzt der eine oder die andere die Frage, ..."

Zum nächsten Punkt springen

Ihr Publikum weiß meistens nicht, welchen inhaltlichen Ablauf und welche Inhalte Sie im Einzelnen genau geplant haben. Sollten Sie also soeben den Faden verloren haben, gehen Sie einfach zum nächsten Punkt über. Jedes längere Nachdenken darüber, was Sie denn eigentlich gerade noch sagen wollten, vergrößert die Gefahr, dass Sie anfangen, sich selber Vorwürfe zu machen. Und dadurch, dass Sie permanent zurückdenken, vergrößern Sie das Risiko, die Gedankenblockade zu verfestigen. Haken Sie den letzten Punkt einfach ab und gehen Sie zum nächsten über.

> Widerstehen Sie der Versuchung, später noch einmal auf das ursprüngliche Thema zurückzukommen und das Fehlende zu ergänzen. In Prüfungen ist das okay, bei Vorträgen nicht. So redlich dieses Vorgehen auch sein mag: Ihr Publikum wird das in der Regel nicht schätzen. Sehr schnell bleibt der Eindruck: kein roter Faden erkennbar.

Das Publikum einbeziehen

Viele Referenten (und Prüflinge) reagieren unsicher, wenn sie kein direktes Feedback aus dem Publikum bekommen. Wenn Sie an kritischen Stellen Ihr Publikum z.B. durch direkte Fragen einbeziehen, gewinnen Sie Zeit und verbessern den Kontakt zu Ihren Zuhörern. Zumindest bei kleineren Gruppen bis zu 50 Personen können Sie diese Methode gut nutzen.

Beispiel

„Macht das bis hierhin Sinn?"
„Möchten Sie zu diesem Punkt noch mehr hören?"

Eine Pause machen und durchatmen

Viele Prüflinge und Referenten denken unterschwellig, sie dürften ihr Publikum auf keinen Fall warten lassen, denn erstens ist das unhöflich und zweitens zeugt es von geringer Kompetenz, wenn man nachdenken muss, bevor man etwas sagt. Das Ergebnis ist häufig ein hohes Redetempo, gepaart mit kurzen oder gar keinen Pausen und daraus resultierender Atemnot.

Gewöhnen Sie sich rechtzeitig daran, auch in Stresssituationen ein normales Redetempo beizubehalten, wie Sie es in Gesprächen pflegen. Bei öffentlichen Auftritten sprechen Sie sogar lieber etwas langsamer als normal. Üben Sie schon im Vorfeld, längere Pausen in Ihren Redefluss einzubauen. Solche Unterbrechungen dürfen bis zu 3 Sekunden lang sein, ohne dass Ihr Publikum unruhig wird oder Ihnen Inkompetenz unterstellt. Treten Sie zwischendurch immer wieder einmal innerlich zurück, machen Sie eine längere Pause und praktizieren Sie kurz Tiefenatmung (siehe das Kapitel „Die besten Selbsthilfetechniken"), bevor Sie weitersprechen.

Geben Sie die Blockade zu

Diese Technik ist die Ultima-Ratio-Methode für den öffentlichen Auftritt, während sie bei Prüfungen meistens recht unproblematisch einzusetzen ist. Je selbstverständlicher Sie selbst mit einem Blackout umgehen, umso weniger wird sich das Publikum dafür interessieren. Im Gegenteil: Wenn Sie es schaffen, unaufgeregt mit Ihrer Blockade umzugehen, wird Ihnen das häufig sogar zum Vorteil gereichen. Nach wie vor sind die meisten Menschen froh, wenn sie nicht selbst vorne im Rampenlicht sein müssen. Wenn da nun einer steht und wie selbstverständlich zugibt, dass er soeben den Faden verloren hat, ohne ein Drama daraus zu machen, finden viele Menschen diese Offenheit eher beeindruckend und souverän. Dieser Eindruck verkehrt sich ins Gegenteil, wenn Sie erkennen lassen, dass Ihnen dieser Patzer selber extrem peinlich ist oder wenn Sie sich vor dem Publikum darüber ärgern, dass (nun gerade Ihnen!) so etwas Dummes passieren muss.

Beispiel

Ausgerechnet bei einem großen Rhetorik-Kongress geriet einer der Grußredner zu Beginn in die Verlegenheit, dass ihm während einer leidenschaftlich vorgetragenen freien Rede über den Sinn und Unsinn von Grußworten („... vernichten mehr Arbeitszeit in Deutschland als alle Streiks zusammengenommen ...") plötzlich der Anschluss fehlte. Doch statt sich nun zu ärgern und für seinen Fehler öffentlich Abbitte zu leisten, sagte er nur: „Sehen Sie, nun habe ich auch noch den Faden verloren. Auch so etwas gehört zu einer freien Rede dazu. Ich gehe also einfach zum nächsten Punkt über! ..." Das Publikum reagierte auf dieses souveräne Verhalten spontan mit anerkennendem Zwischenapplaus und großer Zustimmung zum Redner.

Je höher Ihre Position in der Wahrnehmung des Publikums ist und umso offizieller der Anlass, umso weniger eignet sich diese Methode. Das Publikum erwartet von Personen, die ganz oben auf der Karriereleiter stehen, ein höheres Maß an Eloquenz und Intelligenz als von einem normalen Menschen. Als Abteilungsleiter dürfen Sie die Blockade häufig noch zugeben, als Vorstand oder Bundespräsident nicht.

Beugen Sie der Technik-Falle vor

Für viele Referenten eine Horrorvorstellung: Sie haben sich brillant vorbereitet, doch am Veranstaltungsort stellen sie fest, dass ihr Notebook nicht mit dem Beamer harmoniert. Der Beamer stellt die Farben ihrer Präsentation nicht richtig dar und das Programm stürzt immer wieder ab. Und nun?

Wenn Sie in Momenten wie diesen ganz auf sich selbst gestellt sind, während sich der Vortragsraum langsam füllt, wird sich Ihr Stresspegel rasant erhöhen. Zu dem zeitbedingten Druck gesellt sich noch Ärger über den Veranstalter, der nicht in der Lage war, alles richtig zu organisieren. Kein Wunder, dass Sie unter diesen Bedingungen nicht in Bestform sind.

Suchen Sie sich kompetente Hilfe

Erkundigen Sie sich am besten frühzeitig, also schon vor der Veranstaltung, wer am Ort für die Technik zuständig ist, und wie Sie diese Person schnell erreichen können. Es gibt wenig, was so inkompetent wirkt, wie ein Referent, der zu Beginn seines Vortrags noch an der Technik herumnestelt und mit rotem Gesicht und unter Entschuldigungen versucht, seine Präsentation in Gang zu bringen. Treten Sie beiseite und lassen Sie das die Profis regeln. Auch wenn Sie ein Mann sind! Das gilt auch und ganz besonders für den Umgang mit Mikrofonen am Veranstaltungsort. So mancher Referent hat schon für unfreiwillige Komik gesorgt, indem er lange verzweifelt und vor allem vergeblich versucht hat, ein zu niedrig oder zu hoch eingestelltes Mikrofon auf die richtige Höhe zu bringen.

Wenn kein Techniker greifbar ist, fragen Sie in die (kleine) Runde, ob jemand unter den Anwesenden sich mit dieser Technik auskennt und Ihnen helfen kann. Im Normalfall wird Sie gerne jemand unterstützen.

Treten Sie beiseite, solange der Profi mit der Technik beschäftigt ist! Halten Sie kein Referat, während jemand direkt vor oder neben Ihnen versucht, die Geräte in Gang zu bringen. Das führt schnell zu unfreiwilligen Slapstick-Effekten.

Wenn Sie nur wenig Zeit zur Verfügung haben und merken, dass die Technik Sie zu lange beschäftigen wird: Treffen Sie schnell die Entscheidung, ob Sie nicht ganz darauf verzichten können. Das wirkt souverän, und Ihr Publikum wird es Ihnen danken.

Nutzen Sie die einfachste Technik

Jede Funktion, jede Taste, jeder Anschluss und jedes Kabel mehr vergrößert die Möglichkeit technischer Probleme, wenn es darauf ankommt. Verzichten Sie auf exotische Anschlüsse an Beamer und Co. und benutzen Sie nach Möglichkeit die übersichtlichsten Geräte. Wenn Sie grundsätzlich mit Apple-Geräten arbeiten, sollten Sie die verschiedenen benötigten Adapter für Ihr MacBook und Ihr iPad immer in der Tasche haben, denn in vielen Firmen und Hotels sind diese Zusatzgeräte nicht vorhanden.

Vorbereitet sein

Wenn es geht, sollten Sie sich mit der Technik vor Ort schon im Vorfeld vertraut machen. Das erspart Ihnen viel unnötigen Stress und Ärger mit dem Publikum, denn niemand sieht einem Vortragenden gerne beim Kampf mit der Technik zu.

Wenn Sie noch keine oder nur wenig Erfahrung beim Auftritt mit einem Mikrofon haben, sollten Sie das unbedingt vorher üben. Die meisten Menschen reagieren irritiert, wenn sie die eigene Stimme minimal zeitversetzt über Lautsprecher hören. Obendrein nivellieren einige bei Kongressen verwendete Mikrofone die emotionalen Anteile der Stimme. Wenn Sie ein ausdrucksstarker Redner sind, könnte Sie auch das verunsichern.

Mit Netz und doppeltem Boden

- Zweitausfertigungen bereithalten: Wenn Sie Ihrem Publikum eine Präsentation zeigen wollen, sorgen Sie dafür, dass Sie die entsprechenden Dateien immer auf mindestens zwei verschiedenen Medien dabeihaben, die Sie an unterschiedlichen Orten aufbewahren. Eine Version sollten Sie nach Möglichkeit auf einem USB-Stick speichern, vielleicht auch, wenn es sich nicht um geheime Informationen handelt, auf einem virtuellen Laufwerk in der Cloud. Wenn Sie Ihre Dateien über einen fremden Rechner abspielen müssen, speichern Sie möglichst zwei Dateien in verschiedenen Programmversionen ab.
- Konzepte und Manuskripte doppelt ausdrucken: Was für Ihre Dateien gilt, sollte auch für Ihr ausgedrucktes Manuskript gelten: Wenn Sie sich auf bedrucktes Papier verlassen müssen, drucken Sie zwei Exemplare aus und bewahren Sie diese an zwei unterschiedlichen Stellen auf.
- Ohne Beamer arbeiten: Ein Höchstmaß an innerer Sicherheit erlangen Sie dann, wenn Sie Ihre Botschaft auch ohne technische Hilfsmittel vermitteln können. Profis rechnen immer damit, dass die gewünschte Technik ausfällt und bereiten sich darauf vor, eine Präsentation entweder ganz ohne Visualisierung oder unter Zuhilfenahme eines Flipcharts oder Whiteboards zu halten.
- Souverän bleiben: Was immer auch während Ihres Vortrages oder Ihrer Präsentation passiert, auf eines können Sie sich immer verlassen: auf die Vergesslichkeit Ihrer Zuhörer. Eine falsch gezeigte Folie oder ein falsches Bild vergisst Ihr Publikum in dem Moment, in dem so etwas auftaucht.

Vermeiden Sie Selbst- oder Fremdbezichtigungen

Stürzen Sie sich nicht in Selbstanklagen. Die meisten Menschen im Publikum wissen, dass Dinge manchmal schiefgehen. Wenn Sie möchten, entschuldigen Sie sich kurz für die Unannehmlichkeit, aber entschuldigen Sie sich nicht alle drei Minuten aufs Neue. Damit richten Sie den Fokus des Auditoriums immer wieder auf die Fehler der Veranstaltung. Sie bleiben den Menschen dadurch negativ in Erinnerung als die Person, die sich dauernd selbst klein gemacht hat, und verlieren Respekt.

Vielleicht sind Fehler geschehen, die Sie nicht zu verantworten haben: Technik fehlt, ist fehlerhaft und fällt ganz aus. Eigentlich wollten Sie noch eine Unterlage verteilen, aber der Kopierer hat gestreikt bzw. Ihre Assistentin hat die Ordner nicht eingepackt. Es ist egal, wie sehr Sie selbst unschuldig daran sind: Ihre Zuhörer interessieren sich nicht dafür. Je mehr Sie andere beschuldigen, umso mehr fällt das auf Sie selbst zurück. Dabei gilt die Regel: Je niedriger die Position der beschuldigten Person, umso kläglicher wirkt der Ankläger. Sie stehen da vorne, also sind Sie in den Augen des Publikums zunächst verantwortlich. Wenn Sie die Schuld dann auf andere abwälzen, wirken Sie armselig.

Keine Angst vor Versprechern

Es gibt Versprecher, über die man sich amüsiert. Das betrifft insbesondere Versprecher von Menschen, deren Beruf darin besteht, dass sie keine machen. Und wenn der Sprecher, in der Regel ein Nachrichtensprecher oder sonstiger TV-Journalist, dann über sich selbst lachen kann, finden wir das sympathisch, schmunzeln darüber und vergessen das Ganze.

Oder ist Ihnen ein einziger Versprecher eines Prominenten oder eines Menschen aus Ihrer Umgebung in Erinnerung geblieben? Vermutlich nicht.

Das Publikum vergisst schnell

Auf die Vergesslichkeit der Menschen können Sie sich immer verlassen. Es gibt jedoch zwei Ausnahmen von der Vergesslichkeitsregel:

- Sie regen sich selber erkennbar über Ihren Versprecher auf. Garnieren Sie Ihren Versprecher mit Kraftausdrücken oder zeigen Sie offen Ihren Ärger über sich selbst, so bleibt der kleine Patzer deutlich besser präsent, als wenn Sie einfach darüber hinweg gehen.
- Sie entschuldigen sich überschwänglich. In diesem Fall lernen die Anwesenden von Ihnen, dass der kaum gehörte Fehler soeben deutlich schlimmer gewesen sein muss als angenommen.

> Wenn Sie wollen, korrigieren Sie das falsche Wort kurz, indem Sie das richtige einfach hinterher sagen und fahren Sie anschließend fort.

Lernen Sie, sich Fehler zu verzeihen

Gehören Sie zu den Menschen, die Fehler jedweder Art für unverzeihlich halten? Betrifft das nur Sie selbst oder auch Ihre Mitmenschen? Die meisten Menschen sind sich selbst gegenüber deutlich kritischer als anderen gegenüber. Menschen machen Fehler. Immer wieder. Auch Sie. Nur wenige dieser Fehler können unsere Welt in den Untergang stürzen.

Das Publikum fiebert in der Regel mit dem Vortragenden mit und möchte den Erfolg des Vortrages. Das gleiche gilt für Prüfungssituationen. Fast alle Prüfer möchten den Erfolg eines Prüflings. Halten Sie die peinliche Situation für alle kurz und gehen Sie schnell weiter im Text.

Auf einen Blick: Umgang mit Fehlern und Pannen

- Schreckensphantasie Nr. 1 bei Auftritten ist der Blackout. Dieses Worst-Case-Szenario verliert jedoch deutlich an Dramatik, wenn wir uns vorab mit Techniken vertraut machen, die die Gedankenblockade überwinden.
- Wenn die Technik nicht so will, wie wir wollen, bedeutet das noch nicht das Ende des Vortrages – vorausgesetzt wir haben gegen Fälle dieser Art vorgesorgt.
- Ein wohlgesonnenes Publikum verzeiht – fast – alles, auch Versprecher. Voraussetzung dafür ist jedoch, dass Sie selbst richtig auf den Wortlapsus reagieren.

Stichwortverzeichnis

Impressum

Bibliografische Information der Deutschen Nationalbibliothek Die Deutsche Nationalbibliothek verzeichnet diese Publikation in der Deutschen Nationalbibliografie; detaillierte bibliografische Daten sind im Internet über http://dnb.dnb.de abrufbar.

Print: ISBN: 978-3-648-05656-1 Bestell-Nr.: 10700-0001
ePub: ISBN: 978-3-648-05657-8 Bestell-Nr.: 10700-0100
ePDF: ISBN: 978-3-648-05658-5 Bestell-Nr.: 10700-0150

Jörg Abromeit
Lampenfieber und Prüfungsangst besiegen
1. Auflage 2014, Freiburg

Redaktionsanschrift: Fraunhoferstraße 5, 82152 Planegg/München
Telefon: (089) 895 17-0
Telefax: (089) 895 17-290
Internet: www.haufe.de
E-Mail: online@haufe.de
Redaktion: Jürgen Fischer
Redaktionsassistenz: Christine Rüber

Konzeption, Realisation und Lektorat: Nicole Jähnichen, www.textundwerk.de
Satz: Beltz Bad Langensalza GmbH, 99947 Bad Langensalza
Umschlag: Kienle gestaltet, Stuttgart
Druck: freiburger graphische betriebe, 79108 Freiburg

Der Autor

Jörg Abromeit

ist Management- und Politikberater für Rhetorik und Dialektik. 2005 gründete er die Redeakademie, die Seminare und Coachings zu den Themen Lampenfieber, Rhetorik und Souveränität anbietet. Er ist Lehrtrainer für mehrere Coaching-Methoden und verfügt über zahlreiche Qualifikationen im neuroenergetischen Bereich und in Hypnose. Jörg Abromeit lehrt Rhetorik an den Universitäten Kiel und Münster.

Weitere Literatur

„Mind Mapping", von Horst Müller, 128 Seiten, EUR 6,95, ISBN 978-3-648-04684-5, Bestell-Nr. 00866

„Gedächtnistraining", von Roland Geisselhart, Christiane Hofmann, Manuela Bürger, 251 Seiten, EUR 8,95, ISBN 978-3-648-03544-3, Bestell-Nr. 00339

„Körpersprache", von Tiziana Bruno, Gregor Adamczyk, 251 Seiten, EUR 8,95, ISBN 978-3-648-02683-0, Bestell-Nr. 01305